安徽省高校优秀青年人才支持计划一般项目
"基于组织学习的企业双元创新协同进化机制研究"(编号:gxyq2020171)资助
安徽省教育厅人文社会科学研究重点项目(编号:2022AH051611)

基于组织学习的企业双元创新协同进化机制研究

奚 雷 著

合肥工业大学出版社

前　言

　　国内外学者在组织学习与双元创新这两个重要变量的关系研究上已经取得了较为丰硕的成果。然而，实施双元创新必然涉及"双元创新平衡性"与"双元创新互补性"。遗憾的是，"双元创新平衡性"与"双元创新互补性"这两个重要研究变量（或因素）在现有的组织学习与双元创新关系的研究文献中都没有涉及。换言之，组织学习究竟会对双元创新平衡性与双元创新互补性产生怎样的影响，人们至今仍不得而知。而双元创新平衡性与双元创新互补性的水平则从两个方面（或维度）反映了企业双元创新的协同程度，即双元创新协同性。

　　在本书中，我们将双元创新平衡性与双元创新互补性整合为一个全新的研究变量——"双元创新协同性"。这个新变量被用来度量两种创新（突破性创新与渐进性创新，或探索性创新与应用性创新）的协同程度。由相关文献可以看出：组织学习是这个新变量的一个重要前因变量。因此，研究组织学习对双元创新协同性及其两个维度（双元创新平衡性与双元创新互补性）的影响机制，以及企业如何通过卓有成效的组织学习来实现双元创新协同进化，不仅能够丰富和发展组织学习、双元创新及其前因后果变量（特别是组织学习与双元创新两者之间的因果关系）等研究领域的理论研究成果，而且能为企业的组织学习和双元创新实践提供科学的理论指导和具体的对策建议。通过理论分析和实证研究，揭示组织学习对双元创新协同性及其两个维度（双元创新平衡性与双元创新互补性）的影响机制，进而在此基础上，提出通过卓有成效的组织学习来实现企业双元创新协同进化的具体对策,不仅具有一定的理论意义和学术价值,而且具有一定的实践意义和应用价值。

本书将"基于组织学习的企业双元创新协同进化机制"这一学术问题和实践问题作为研究主题,在文献研究基础上,综合运用理论分析、实证研究和量化模型(进化博弈理论),对组织学习、知识积累、环境动态性、环境竞争性、双元创新协同性、双元创新平衡性和双元创新互补性进行了较为深入、系统和全面的研究,得到了一些具有一定学术价值和应用价值的研究结论,并在理论上取得了一定的创新。

本书得到安徽省高校优秀青年人才支持计划一般项目"基于组织学习的企业双元创新协同进化机制研究"(gxyq2020171)、安徽省教育厅人文社会科学研究重点项目"高质量发展背景下安徽农业新兴产业可持续发展评价体系及预警研究"(2022AH051611)项目的资助。

感谢南京航空航天大学彭灿教授的悉心指导,感谢李德强、陈丰琳、杨晓娜、杨红、李瑞雪、吕潮林、梁飞、黄同飞、孙善林、孔越、徐瑞泽、汪鹏志等同门的帮助。特别感谢我的爱人范智平,在过去的10余年里,她对我的事业给予不遗余力的支持,对我的生活给予无微不至的照顾。同时,参考了大量资料和文献,在此对相关作者表示衷心的感谢。

由于时间仓促,书中难免存在不足或疏漏之处,恳请各位专家和广大读者批评指正。

奚 雷

2023.05

目　　录

第一章　绪　论 ……………………………………………………………… （1）

　　1.1　研究背景与研究意义 …………………………………………… （1）

　　1.2　国内外研究相关研究述评 ……………………………………… （6）

　　1.3　研究目标与研究内容 …………………………………………… （22）

　　1.4　研究方法与技术路线 …………………………………………… （24）

　　1.5　创新之处和章节安排 …………………………………………… （26）

第二章　相关理论概述 ……………………………………………………… （29）

　　2.1　组织学习的概念、内涵与类型 ………………………………… （29）

　　2.2　探索性学习与应用性学习的概念与特点 ……………………… （31）

　　2.3　组织学习的内容与过程 ………………………………………… （33）

　　2.4　技术创新理论概述 ……………………………………………… （35）

　　2.5　双元创新的概念、内涵与构成维度 …………………………… （40）

　　2.6　渐进性创新的概念与特点 ……………………………………… （40）

　　2.7　突破性创新的概念与特点 ……………………………………… （41）

　　2.8　双元创新的平衡性与互补性 …………………………………… （42）

　　2.9　协同理论及双元创新协同性 …………………………………… （43）

　　2.10　组织学习对企业技术创新的影响 ……………………………… （48）

　　2.11　本章小结 ………………………………………………………… （49）

第三章　组织学习影响企业双元创新协同性的理论研究 ………………… （50）

　　3.1　组织学习对企业双元创新协同性的影响 ……………………… （50）

　　3.2　知识积累的中介作用分析与假设 ……………………………… （54）

　　3.3　环境动态性的调节作用分析与假设 …………………………… （56）

　　3.4　环境竞争性的调节作用分析与假设 …………………………… （58）

　　3.5　本章小结 ………………………………………………………… （59）

第四章　实证研究设计与样本数据收集 ················· (61)

　4.1　调查问卷设计的流程 ···················· (61)

　4.2　变量测量 ························· (61)

　4.3　问卷防偏措施 ······················ (64)

　4.4　变量量表开发与确定 ···················· (64)

　4.5　样本选择和数据采集 ···················· (65)

　4.6　统计分析方法的选择 ···················· (67)

　4.7　本章小结 ························ (69)

第五章　组织学习影响企业双元创新协同性的实证研究 ········· (71)

　5.1　描述性分析 ······················· (71)

　5.2　量表的信度和效度检验 ··················· (74)

　5.3　相关分析 ························ (78)

　5.4　多元回归分析 ······················ (79)

　5.5　实证研究结果讨论 ···················· (87)

　5.6　本章小结 ························ (90)

第六章　基于组织间学习的企业双元创新协同进化策略 ········· (92)

　6.1　进化博弈的数学推演 ···················· (92)

　6.2　建模思路与研究假设 ···················· (96)

　6.3　模型求解 ························ (97)

　6.4　创新联盟知识合作行为影响因素分析 ············· (101)

　6.5　初始状态对创新联盟演化稳定性影响的仿真模拟 ········ (102)

　6.6　基于组织间学习的企业双元创新协同进化策略 ········· (105)

　6.7　动态与竞争环境下基于组织学习的企业双元创新协同进化机制模型

　　　 ···························· (107)

　6.8　本章小结 ······················· (108)

第七章　总结与展望 ······················ (109)

　7.1　研究总结与主要结论 ··················· (109)

　7.2　理论贡献与实践意义 ··················· (110)

　7.3　管理启示 ······················· (111)

　7.4　研究局限与未来展望 ··················· (112)

参考文献 ·························· (115)

第一章 绪 论

1.1 研究背景与研究意义

1.1.1 研究背景

创新是组织永续发展的动力[1]。Abernathy(1978)[2]指出,企业长期的竞争能力不仅表现在经营效率的提升,更为重要的是具有高效和持续的创新能力。而技术创新长期以来被视为企业赢得长期竞争优势的关键因素。面对日趋激烈的组织外部竞争环境,有些企业能够实现"基业长青",而有些企业仅仅是"昙花一现"。一般来说,基业长青的企业大多拥有较强的外部环境适应能力和技术创新能力,并能够根据外部环境的变化,卓有成效地开展技术创新活动,从而实现可持续发展。由大量文献可知:企业能否实现可持续发展主要取决于其是否拥有较强的竞争能力(尤其是核心竞争能力),而技术创新又被看作是组织核心竞争能力与持续竞争优势最为重要的来源。然而,要想取得良好的技术创新绩效,企业往往需要同时实施应用性创新与探索性创新(或渐进性创新与突破性创新),即实施双元创新[3-7]。在前人的研究文献中,双元创新有时指同时实施探索性创新与应用性创新,有时指同时实施突破性创新与渐进性创新,其实这两种观点大同小异[3][7][8-9]。为了使本书中的术语尽可能与参考文献保持一致,本书的双元创新既指"突破性创新和渐进性创新",也指"探索性(式)创新和应用(或利用)性(式)创新",即两对术语之间可以相互替换。

在回顾了一些公司是如何在几十年的时间里生存与发展之后,Tushman&O'Reilly(1996)[10]提出,组织需要同时实施较高水平的探索和应用,才能够实现双元创新。无数的企业技术创新实践表明,企业实施单一的技术创新方式,如开展渐进创新(或突破性创新),均不利于实现组织长远的发展[11]。March(1991)[4]指出:企业仅采取单一的技术创新方式,即开展利用性创新或者探索性创新,均存在着明显的不足。Lin 等(2013)[12]指出对大多数企业而言,要想获得长期成功,关键在于科学的实施渐进性创新与突破性创新,而如何科学实施又是问题的关键,而双元创新理论的研究有助于破解这一难题。基于此,学术界围绕双元创新开展了大量卓有成效的理论分析与实证研究,以搞清双元创新(或组织双元性)与组织绩效、持续竞争优势和创新绩效等结果变量之间究竟存在着什么样的关系,以及其主要影响因素(前因变量、中介变量以及调节变量)有哪些。

从已有的实证研究来看,研究结论存在明显的差异性:如 O′Reilly&Tushman(1996)[13]指出不确定环境下,组织的双元性与企业创新活动的增加、更好的财务绩效和更高的生存率等均成正相关关系。但是,也有部分创新研究学者[14]指出:在某些情况下,组织的双元性可能是重复的和低效的。相关实证研究还表明,在市场和技术不确定的条件下,双元性对企业绩效一般都具有正向效应[4][15-16]。此外,其他一些关于组织双元性的研究还表明,在外部环境不确定的条件下,组织实施双元创新的价值更大[17-26]。O'Reilly&Tushman(2013)[13]对有关组织双元性与组织绩效之间关系的实证研究认真梳理后指出:①组织双元性与组织绩效之间成正相关关系;②组织双元性对组织绩效的影响取决于企业所处的外部环境,在环境不确定或者在创新资源充足的情况下,组织双元性更有助于企业绩效的改善,而这种情况通常更适用于规模较大的企业,而不是规模较小的企业;③O'Reilly&Tushman的观点与 March 在 1991 年有关组织双元性的观点相一致,指出组织双元性的实施不足或过度都将付出代价[13]。Benner&Tushman(2003)[3]认为企业开展探索性创新与应用性创新是企业维持与赢得竞争优势的重要因素。企业通过创新能够给组织注入新思想、新观点和新方法,能够有利于培育长期的竞争优势,提升组织经营绩效,有利于实现长期发展[27-28]。此外,探索性创新与应用性创新性质迥异,且对企业创新绩效有着不同的影响,还将围绕企业有限的资源展开争夺[29]。因此,实施双元创新对于任何类型的组织来说均具有相当的挑战性[30]。而 QingCao 等(2009)[31]指出:双元创新既能够充分利用组织已有的竞争优势,还能够有效抓住所面临的新机会,能够有助于提升组织竞争能力与绩效水平;该研究还表明,动态与竞争环境下企业更需要科学地平衡探索式创新与利用式创新这两种创新战略,避免过于注重探索式创新而使组织陷入当期利润不足,或者过于注重利用式创新将导致组织的长期发展后劲不足,甚至遭遇淘汰的尴尬局面。

企业积极有效地实施探索式创新与利用式创新活动,能够较好地满足消费者的需求,从而有助于更好地适应动态与竞争的组织外部环境,是企业赢得竞争优势与保持持续竞争能力的关键。March(1991)[4]指出:组织需要科学协调好探索式创新与利用式创新这两类技术创新活动,从而避免企业陷入技术创新"窘境",如过多地强调探索式创新易陷入"创新陷阱",而过多地强调利用式创新又易于陷入"能力陷阱"。故双元创新活动的开展能够较好地应对上述两类"陷阱",使企业在激烈的竞争中取得有利地位。实施双元创新的企业,既能够发展当前能力,又能够探索新机遇。Levinthal&March(1993)[32]认为,企业长期成功与发展的关键在于具备科学平衡两类技术创新活动的组织能力。然而,学术界对于企业能否实现双元创新尚未达成共识。有学者认为:探索式创新与利用式创新在思维模式、组织管理和创新路径等方面均具有较大的差异,企业同时开展两类技术创新几乎无法实现[4]。也有学者认为,通过组织结构或者时间上的安排能够实现两种创新的并存与补充[10],具体如通过重新设计组织结构,允许个人决定如何在探索和利用活动之间合理地分配时间,能够较好地实现组织双元。在这种观点下,情境双元性是通过构建一组过程或系统来实现的,这组过程或系统能够鼓励个体做出自己的判断,即如何在协调一致性需求和适应性之间分配时间。

March(1991)[4]认为,探索与利用两类创新之间是对立的,两类创新常争夺企业有限的资源。企业同时开展两类创新(利用性创新与探索性创新)势必会占用更多的创新知识资源,这使得创新资源较为稀缺的企业往往需要在两类技术创新活动之间进行取舍,从而使较高水平的双元创新(下文中将两类创新均处于较高水平的双元创新简称为"双高",将两类创新均处于较低水平的双元创新简称"双低")较难实现。当前,一些学者指出,可以通过组织设计来达到两类创新之间的有效匹配,实现双元创新[33]。而两类创新的匹配主要体现为两类创新的平衡与互补,即双元创新平衡性与双元创新互补性。双元创新平衡性反映了企业对于探索性创新与利用性创新两类创新之间的偏好程度。具体来说,完全平衡表明企业对于两类创新活动之间没有偏好,即在探索性创新与利用性创新均投入相同的资源与精力。双元创新平衡性表现为两类创新之间的均衡发展程度,双元创新平衡性水平由探索性创新测量数值与利用性创新测量数值之间的差的绝对值反映,两类创新测量数值越接近,双元创新平衡性则越好,越有可能产生较好的销售增长率;反之,过于偏好于某一种类型的技术创新,将使得两类创新处于平衡水平较低的情况,即两类创新测量数值差距较大,可能会对企业销售增长率产生负面影响[33]。双元创新互补性反映了探索性创新与利用性创新之间的相互促进程度,研究指出双元创新互补性有助于提升企业创新绩效水平[34-35]。显然,对于企业实施双元创新而言,必然涉及两类创新之间的平衡与互补,即双元创新平衡性与双元创新互补性。而双元创新平衡性与双元创新互补性都与企业经营业绩成正相关[4][7][36-37]。Tushman&O'Reilly(2009)[10]认为企业两类创新的同时开展更有利于组织取得好的绩效水平。QingCao等(2009)[31]还指出,具有高水平的双元创新平衡性与双元创新互补性的企业能够产生更好的绩效水平。He&Wong(2004)[33]实证表明:突破性创新与渐进性创新之间的交互作用对销售增长率有积极的影响,渐进性创新与突破性创新之间的不平衡和销售增长率成负向影响。

因此,关于双元创新平衡性与双元创新互补性(奚雷等[38-40]将两者整合成全新的研究变量双元创新协同性)及其前因变量的研究就具有非常重要的现实意义。而关于双元创新可实现性问题的研究中,有学者指出:能否实现双元创新的关键取决于能否找到促进两类创新的相同变量(或前因变量)。学者们已经围绕创业导向、动态能力、智力资本、社会资本和网络能力等前因变量与双元创新之间的关系进行了理论分析与实证研究[34][41-45]。研究表明:创业导向、动态能力、智力资本、社会资本和网络能力等均对渐进性创新、突破性创新具有显著正向影响,为企业双元创新的可实现性提供了理论依据与实证支持。

Spender(1996)[46]指出,技术创新活动所需知识(或技术)大多来源于企业外部。而组织学习为企业技术创新活动所需知识提供了重要的外部获取途径。笔者认为,企业通过组织学习获取技术创新所需要的知识(或技术)资源,能够较好缓解同时开展渐进性创新与突破性创新两类创新活动所面临的创新资源窘境,有助于企业更好地协调两类技术创新活动。动态环境下的组织学习能力是企业生存的基础与发展的动力[47]。企业想要在激烈的竞争中取胜,就需要拥有强于竞争对手的组织学习能力。当前越来越多的企业认识到,亟须努力提升组织学习能力来获取组织内外部的创新知识资源,实现企业创新能力的提升,并能够较好地适应快速变化的外部环境及在激烈的竞争中占得先机[48]。而面对快速变化的组织外部环境,企业需要实施双元创新满足其短期获益与长远发展的要求。

然而,有关组织学习与双元创新平衡性和双元创新互补性之间的关系研究"尚付阙如"。由前人文献可知,组织学习是双元创新及其维度(渐进性创新与突破性创新)的一个重要前因变量,但组织学习与双元创新平衡性及双元创新互补性之间到底存在什么样的关系,国内外学者迄今为止所做的理论分析与实证研究极为罕见。基于之前的文献研究,笔者认为组织学习对双元创新协同性(含双元创新平衡性和双元创新互补性)的影响并非简单的因果关系,组织学习很有可能促进了企业中的知识积累,而知识积累能够有效缓解企业开展双元创新所面临的创新知识资源不足的困境,进而促进了企业双元创新协同性(水平)及其维度双元创新平衡性(水平)与双元创新互补性(水平)的提升。因此,在本研究中,将知识积累作为中介变量,考察组织学习—知识积累—双元创新协同性三者之间的整体关系。此外,为了更加全面和深刻地揭示组织学习对双元创新协同性及其维度双元创新平衡性和双元创新互补性的影响机制及其边界条件,本研究还进一步考察了环境动态性与环境竞争性对组织学习与双元创新协同性及其维度之间关系的调节作用。之所以将环境动态性与环境竞争性作为调节变量纳入研究框架,主要是考虑到企业双元创新活动的开展必然会受到组织外部环境情境因素的影响,而环境动态性与环境竞争性恰恰是两个重要的外部环境情境因素(变量),其对企业双元创新活动所具有的影响已经被一些研究所证实[7][20][49][50-52]。为此,我们决定在本书中通过理论分析与实证研究环境动态性与环境竞争性对组织学习与双元创新协同性及其两个维度(双元创新平衡性、双元创新互补性)之间关系的调节作用。

1.1.2 研究意义

1.1.2.1 理论意义

显而易见,企业实施双元创新时,必然会涉及两种创新(探索性创新和应用性创新,或渐进性创新和突破性创新)的平衡性、互补性和协同性,即双元创新平衡性、双元创新互补性和双元创新协同性[31][53]。

顾名思义,双元创新平衡性、双元创新互补性和双元创新协同性分别反映了企业两种创新之间的平衡程度、互补程度和协同程度。因此,这三个研究变量是双元创新的三个重要特征变量,对它们及它们与其他变量之间的关系进行研究具有重要的理论价值与实践意义。

在双元创新平衡性和双元创新互补性的概念、内涵、测量及其前因后果变量研究方面,国内外学者已经做过一些研究[31][38][52-53]。但在组织学习对双元创新平衡性和双元创新互补性的影响研究方面,研究成果十分稀缺。

在前人的双元创新研究文献中,关于双元创新协同性方面的论述几乎见不到。因此,研究双元创新协同性的定义、内涵、构成、测量及其前因后果变量,很有必要,具有一定的理论与实践意义。

与前人的相关研究成果相比,本书的理论意义主要体现在如下三个方面:

(1)率先提出了双元创新协同性的概念、构成维度与度量方法,丰富了企业双元创新研究的内容,并为后续相关研究工作的开展奠定了理论基础。

通过分析,我们给出了双元创新协同性、双元创新平衡性和双元创新互补性三者之间的关系:双元创新协同性由双元创新平衡性和双元创新互补性组成,即双元创新平衡性和双元创新互补性是双元创新协同性的两个构成维度。在此基础上,我们还确定了双元创新协同性的度量方法。显而易见,与双元创新平衡性、双元创新互补性两个变量相比,作为整体变量的双元创新协同性是一个内涵更丰富、意义更加重要的研究变量。

本书对双元创新协同性的概念、内涵、构成与度量进行了比较系统而严密的论述,从而不仅为本书的理论分析与实证研究以及今后的相关研究工作奠定了理论基础,同时进一步拓展了双元创新的研究范围。

(2)构建了组织学习、知识积累、环境动态性、环境竞争性和双元创新协同性之间的整体研究模型。

本书基于组织学习理论、知识管理理论、环境情境理论、双元创新理论和前人相关研究文献,从知识积累的视角,构建了组织学习(自变量)、知识积累(中介变量)、双元创新协同性(因变量)、环境动态性(调节变量)与环境竞争性(调节变量)5个研究变量之间的关系研究模型。该模型的建立丰富了双元创新协同性的前因变量、中介变量及调节变量研究,具有较大的理论创新和学术价值。

(3)应用进化博弈理论和相关软件对基于组织间学习(创新联盟)的企业双元创新协同进化策略进行了分析。

围绕"组织间学习—知识积累—双元创新协同发展"的思路,组织间学习以创新联盟为研究对象,分析基于组织间学习的双元创新协同进化策略,具体采用进化博弈分析创新联盟中组织间创新知识获取与合作行为选择,构建了进化博弈支付矩阵。应用演化博弈方法对该模型进行了全面深入的分析,还应用 Matlab R2016a 软件对不同初始状态下创新联盟演化的稳定性进行了仿真分析,给出了基于组织间学习的双元创新协同进化策略。此外,在实证研究及进化博弈分析的基础上,构建了动态与竞争环境下基于组织学习的企业双元创新协同进化机制模型。

1.1.2.2 实践意义

本书的实践意义主要体现在以下3个方面:

(1)本书提出的双元创新协同性的概念、构成维度与度量方法,为实施双元创新的企业正确认识和科学度量双元创新协同性提供了一个比较科学和实用的理论工具。

(2)本书构建的动态与竞争环境下,组织学习对企业双元创新协同性影响模型,比较深刻和准确地揭示了组织学习(自变量)、知识积累(中介变量)、双元创新协同性(因变量)、环境动态性(调节变量)与环境竞争性(调节变量)这五个变量之间的关系,从而为有关企业在动态与竞争环境下更加有的放矢和卓有成效地开展组织学习、增加知识积累和提高双元创新协同性,提供了理论依据和对策建议。

(3)本书对基于组织间学习的创新联盟中的知识合作行为所做的进化博弈分析和仿

真实验研究,对于有关政府部门科学制定促进双元创新协同发展政策,以及有关企业更加积极和有效地通过组织间学习获取外部创新知识资源和提高双元创新绩效及双元协同发展水平,有一定的参考价值。

1.2 国内外研究相关研究述评

1.2.1 双元创新研究

1.2.1.1 双元创新的概念、内涵与关系

双元概念最早是由 Duncan 于 1976 年提出,指企业拥有的既能够适应外部环境渐进性变革又能适应突破性变革的特点[54]。March(1991)[4] 在 *Organization Science* 杂志发表了具有里程碑意义的论文——《组织学习中的探索与开发》。随后,双元能力受到学术界的广泛关注与讨论。双元创新即企业同时开展探索性(式)创新与利用(或应用)性(式)创新。

对于探索式创新与利用式创新之间是竞争性关系还是互补性关系的问题,学者们的观点不尽相同。学者 March(1991)[4] 认为探索与开发两者之间具有对立性,并从 3 个方面阐述了探索与利用这两类创新之间形成对立的具体原因:(1)探索与利用这两类技术创新活动的开展均需要消耗组织中的创新资源,故探索式创新与利用式创新将会在企业有限的创新资源之间展开竞争。(2)考虑到技术创新存在路径依赖特性,即过去的利用式创新(或探索式创新)将会导致企业更多的开展利用式创新(或探索式创新)活动,从而使得企业两类技术创新活动反复自我强化。(3)考虑到两类创新活动的思维模式、管理方式和创新路径等方面均存在较大的差异。企业一般较难同时有效实施两类迥然不同的技术创新,尤其是较难同时高水平地实施两类创新活动[55]。

此后,双元创新领域的学者们围绕这一问题进行了激烈的讨论,一些学者对两类创新的关系有了全新的认识,指出两类创新之间可能并非简单的对立关系,认为两类创新之间的关系可能具有权变性,即探索式创新与利用式创新之间的关系既有可能是对立的,也有可能是互补的,也可能有着更为复杂的其他关系,而对立与互补主要取决于企业所面临特定的组织情境,并从以下 3 个方面驳斥了 March 的观点[37]:(1)就创新资源稀缺性而言,企业中的创新资源大多是属于稀缺资源,然而对开展两类创新活动具有关键作用的资源(如知识、技术和信息等),很有可能并不稀缺,甚至根本就不存在所谓的竞争关系,原因在于知识、技术和信息在使用过程中不仅不会发生耗损,还有可能在使用过程中因熟练运用而创造出新知识,从而实现知识增值,因而可能并不存在探索式创新与利用式创新之间争夺这类关键创新知识资源的情况。此外,企业还可以通过有效利用组织外部创新知识资源来缓解自身所面临资源稀缺的约束,具体方式如组织学习、创新知识(或技术)联盟、创新搜寻以及网络关系等。此外,资源稀缺性在企业不同层面之间存在差异性,如在企业中的个人或者部门层面比较容易出现创新资源匮乏的情况。然而,就

企业整体层面而言,所面临的资源稀缺问题可能并不十分突出,两类创新活动对企业资源的"争夺"可能并不激烈,因而,企业仍有可能较好地平衡两类技术创新活动,实现企业的创新目标。再者,严格来讲,任何企业必然受技术创新资源约束的限制,然而现实中仍存在一些企业具备同时实施探索式创新与利用式创新的能力。(2)许多企业中确实存在两类创新活动自我强化的现象,但不能据此而直接推断探索式创新(或者利用式创新)的强化就一定会忽略利用式创新(或者探索式性创新);此外,对于利用式创新(或者探索式创新)活动的开展能否促进探索式创新(或者利用式创新)活动的问题,也需要通过理论分析与实证研究来科学地加以回答。(3)两类创新虽然在思维模式、创新路径和管理方式等方面均存在较大的差异,从而常常使企业无法同时开展两类创新,即两类创新之间存在相互排斥的情况,但是组织中的不同领域依然能够获得较高水平的探索性创新和利用性创新。

考虑到探索式创新与利用式创新是两类完全不同的创新方式,如何有效协调两者之间的关系,成为学术界关注的焦点。学者们围绕这一研究主题开展了广泛讨论,并提出了比较有代表性的3种解决思路:(1)Tushman & O'Reilly(1996)[10]提出了结构双元思路,即采取双元创新战略的企业可以通过二元制的组织结构,如构建多个事业部制的组织构架,某些事业部专注于探索式创新,另一些事业部专注于利用式创新。(2)Lavie & Rosenkopf(2006)[56]则从时间安排上来解决这一问题,即T时期专注于探索式创新,$T+1$时期专注于利用式创新,以此往复,实现双元创新协调发展。(3)Borgh & Schepers(2014)[57]提出了领导双元的思路,即企业领导根据员工实际情况的不同在两类创新之间进行灵活的切换,实现双元协调。领导双元能否实现取决于领导能否在不同情境之间进行灵活切换[58]。三种解决思路为企业双元创新的可获得性打开了思路,为企业实现双元创新提供了更多的备选路径,能够有效地处理了两类创新之间"不可调和"的关系。由此,可以推断,即使两类创新活动之间存在"不可调和"的矛盾,仍然可以通过科学合理地安排,为实现高水平的探索式创新与利用式创新创造可能。

1.2.1.2 双元创新与相关变量的关系研究

企业能否实现双元创新是当前学术界关注的热点问题。有学者认为,企业实现双元创新的关键在于准确识别影响两类创新的共同前因变量(或自变量)[34][41-42]。笔者通过对现有双元创新研究文献进行认真梳理后发现,国内外创新管理学者已经围绕双元创新开展了大量卓有成效的研究工作,从早期的双元创新概念探讨、探索式创新与利用式创新之间的关系分析(具体如两类创新之间是对立的还是互斥性的关系)到围绕双元创新展开了大量的实证研究。而当前,双元创新领域研究者较多的是通过理论分析与实证研究有关双元创新与其前因变量、后果变量之间的关系,围绕双元创新研究进行梳理,有关双元创新的实证研究,无外乎是将双元创新视作前因变量、后果变量和中介变量等进行研究。双元创新前因变量研究较多地围绕开展双元创新活动所需的创新资源展开,如学者们主要研究了对创新有重要影响的创新资源(如社会资本、智力资本、知识资源和闲置资源等)。此外,关于内外部组织网络、领导方式、技术吸收和开放式创新等前因变量,也有一些研究成果。而双元创新后果变量研究方面,学者们主要围绕企业(组织)绩效、(技术)创新绩效、市场绩效、核心竞争力以及可持续发展等研究变量展开。

而有关双元创新作为中介变量的研究模型中,通常形如"自变量—双元创新—因变量"的模型中,作为中介变量的双元创新(变量)既可看作是因变量的前因变量亦可看作是自变量的后果变量。因此,为避免重复,将双元创新作为中介变量部分单独阐述。下文将分别从双元创新与相关变量之间的关系,即双元创新作为前因变量、中介变量和后果变量分别进行梳理。

(1)双元创新的前因变量研究

① 创新资源类前因变量

Subramanian 等(2005)[43]就企业社会资本与双元创新的关系研究表明,企业社会资本有助于探索式创新和利用式创新。Yan 等(2018)[59]研究了社会资本(含个体资本、结构资本和认知资本)与双元创新的关系,结果表明:个体关系资本能够促进利用性创新,但却抑制探索性创新;结构资本能够促进探索性创新与利用性创新;认知资本仅对探索性创新有积极影响。林筠等(2011)[60]实证检验了智力资本与渐进式技术创新和根本性技术创新的关系,得出如下结论:企业智力资本对渐进式创新和根本性技术创新均具有显著的正向影响。林筠等(2016)[1]从智力资本整合视角研究了智力资本(含人力资本、组织资本和社会资本)与双元创新之间的关系,研究指出:智力资本中的人力资本和社会资本两维度交互或者智力资本三维度交互均对双元创新有显著的正向影响。王永贵等(2016)[44]运用构建理论 QCA 法分析了智力资本(含人力资本、社会资本和组织资本)与双元创新能力提升之间的关系,实证结果指出:人力资本是双元创新能力的必要条件,社会资本是提高突破性创新能力的必要条件,研究进一步指出了提升组织双元创新能力的充分条件,但该充分条件受到外界环境的影响。林筠等(2017)[61]实证研究了科技型企业通才与专才同双元创新之间的关系,得到以下结论:专才能够积极促进利用式创新,通才能够积极影响探索式创新。白寅等(2018)[62]研究了双元知识基础与双元创新之间的关系,其研究结果显示:双元知识基础对双元创新具有显著的正向影响。梁阜等(2018)[63]实证研究了外部知识搜索与双元创新之间的关系,实证结果表明:知识搜索宽度与知识搜索深度均与利用性创新和探索性创新之间均存在"过犹不及"的非线性关系。张庆垒等(2018)[64]实证研究了技术多元化与双元创新能力之间的关系,其研究结果证实:技术多元化与利用式创新和探索式创新均成正相关,而且技术多元化对探索式创新的影响大于利用式创新。杨晓娜等(2018)[45]从组织知识和技术资源的视角,探究了开放式创新与企业双元创新能力之间的关系,实证表明内向型开放式创新与外向型开放式创新均对渐进性创新能力和突破性创新能力产生正向影响。李柏洲等(2019)[65]实证研究了知识惯性与双元创新之间的关系,其研究结果表明:知识惯性对渐进性创新具有积极作用、知识惯性与突破性创新成倒 U 型关系。李柏洲等(2019)[66]还实证研究了研发资本与双元创新之间的关系,其实证结果表明研发资本对双元创新具有显著的正向影响。

② 内外部网路关系类前因变量

Ozer&Zhang(2015)[67]实证研究证实了产业集群关系与利用式创新呈正相关,而与探索式创新成负相关。杨治等(2015)[68]实证研究了企业间信任同双元创新之间的关系,实证结果显示企业间信任对双元创新是否具有积极的影响取决于企业是否具有较强市场导向或丰富的冗余资源与人力资源等条件。白景坤等(2016)[49]实证研究了网络能力与双元创新之间的关系,得到如下结论:网络能力对探索性创新和利用性创新均具有显著的正向影响。党兴华等(2016)[69]实证研究技术创新网络组织惯性与双元创新之间的关系,实证结果表明组织惯性能够积极影响利用性创新,与探索性创新呈倒 U 型关系,研究还进一步检验了关系嵌入与结构嵌入对上述关系的调控作用。曾萍等(2017)[70]实证研究了外部网络与组织双元创新之间的关系,并考察了制度环境与企业性质的调节作用,实证结果表明外部网络对企业双元创新具有显著的正向影响,制度环境能够正向调节外部网络与双元创新之间的关系,非国有企业能够促进外部网络和利用性创新之间的关系,国有企业促进外部网络和探索性创新之间的关系。王玉荣等(2018)[71]实证研究了多重网络嵌入与双元创新的关系,其研究结果表明:组织创新网络嵌入与探索式创新呈倒 U 型关系,对利用式创新具有负向影响;知识网络嵌入与利用式创新和探索式创新均呈倒 U 型关系。生帆等(2017)[72]实证研究了高管团队网络特征与双元创新之间的关系,其实证结果表明:高管团队网络特征对企业双元创新具有显著的正向作用。曹兴等(2017)[73]从邻近性视角着手研究了认知邻近性、地理邻近性同双元创新之间的关系,其研究结论指出:认知邻近性与探索性创新呈倒 U 型关系,地理邻近性与开发式创新呈倒 U 关系,地理邻近性与认知邻近性对双元创新具有交互影响,对开发式创新有互补效应,对探索式创新有替代效应。李宁娟等(2018)[74]研究了环境扫描与双元创新的关系,其实证结果表明:环境扫描对利用性创新具有倒 U 型影响,对探索性创新具有显著的正向影响;环境扫描对双元创新互补性具有正 U 型影响,对双元创新平衡性具有倒 U 型影响。王金凤等(2020)[75]研究了网络惯例与双元创新之间的关系,并考察了环境不确定的调节作用,实证研究表明:网络惯例不同维度对双元创新之间存在着差异化的作用,环境不确定性不同维度在网络惯例与双元创新之间的调节作用同样存在显著差异。

③ 领导方式类前因变量

Jansen 等(2006)[7]研究了组织情境与双元创新之间的关系,并考察了环境动态性与环境竞争性在双元创新与组织绩效之间的调节效应,实证结果表明:集权对探索式创新有显著的负向影响,正式化能正向影响利用式创新,组织成员之间密切的社会联系与探索式创新及利用式创新之间均存在显著的正向关系。QingCao 等(2010)[76]研究表明:CEO 网络广泛性对双元创新有积极的作用,CEO 与其他高层管理团队成员之间的沟通丰富性对组织双元性有积极的影响,权力下放强化了 CEO 网络广泛性对组织双元性的积极影响,而集中化却削弱了这种关系。李忆等(2014)[77]实证研究了家长式领导与双元创新的关系,其实证结果表明:不同领导方式对两类创新的有效性取决于企业所采用的战略。张敏等(2016)[78]实证研究了企业家过度自信与双元创新之间的关系,并考察了结构嵌入与关系嵌入的调节效应,实证结果表明相较于第一代企业家、第二代企业家风险偏好对双元创新影响更为显著,调节效应检验指出结构嵌入(含第一代企业家和第二代企业家)能够正向调节过度自信与双元创新之间的关系,关系嵌入(仅指第二代企业家)能够正向调节过度自信与双元创新之间的关系,表明第一代企业家关系嵌入和第二代企业家关系嵌入的调节效应存在显著差异。徐伟等(2018)[79]研究了经理人来源与双元创新之间的关系,其研究结果表明:外聘来源的经理人能够促进组织双元创新,而岗位轮换来源的经理人却不利于组织双元创新。

④ 组织学习与吸收能力类前因变量

林春培等(2017)[80]实证了组织学习与两类创新之间的关系,其研究结果表明:基于吸收能力的探索性学习和应用性学习均对企业突破性创新和渐进性创新具有显著的正向影响。段庆锋等(2018)[81]研究了组织间技术扩散与双元创新之间的关系,得到如下结论:适度接收技术扩散对双元创新有显著正向影响,向外技术扩散则不利于企业利用式创新,但能够改善探索式创新;嵌入技术扩散网络结构能够积极影响企业利用式创新,以及具备高吸收能力的技术扩散结构洞与探索式创新显著正相关。

(2)作为中介变量的双元创新研究

李桦等(2011)[82]实证研究了战略柔性、双元创新与企业绩效之间的关系,研究结果表明:双元创新对企业绩效具有积极的影响,双元创新能够部分中介战略柔性与企业绩效之间的关系。焦豪(2011)[34]以双元创新为中介变量,考察其在动态能力与企业绩效(含企业短期财务绩效和长期竞争优势)之间的中介效应,研究结果证实了双元创新在动态能力与企业绩效之间的中介作用。Lin 等(2012)[12]研究了学习能力(含促进组织内员工学习、组织间知识传播和组织内促进和保持知识分享的开放文化)、双元创新与企业绩效三者之间的关系,结果表明学习能力的三个维度交互效应对双元创新产生更加显著的影响,双元创新能够促进企业绩效的(含收入、利润和生产率)增长。王朝晖等(2012)[83]实证研究了 KHRM、情境双元型创新与企业绩效三者之间的关系,研究结果表明企业智力资本能够促进情境双元型创新,情境性双元型创新能够促进企业绩效。张徽燕等(2014)[47]将双元创新作为中介变量,实证研究了组织学习能力、双元创新与企业绩效三者之间的关系,结果证实了双元创新能够有助于提升企业绩效,且双元创新在组织学习能力与企业绩效之间的关系中起部分中介作用。吴俊杰等(2014)[84]实证研究了企业家社会网络与技术创新绩效之间的关系,并考察了双元创新对上述关系的中介作用,研究结果表明:双元创新有利于企业绩效水平的提升,探索性创新仅在企业家社会网络的广泛性与异质性等方面与企业技术创新绩效关系之间起中介作用,利用性创新分别在企业家社会网络的达高性、广泛性和关系强度与技术创新绩效之间的关系起中介作用。王朝晖等(2014)[85]实证研究了高绩效工作系统与企业绩效的关系,并考察了双元创新的中介作用和关系情境的调节作用,研究结果表明:双元创新有利于企业绩效水平的提升,双元创新在高绩效工作系统与企业绩效间起部分中介作用。周俊等(2014)[86]研究了组织学习、双元创新和企业绩效三者之间的关系,研究证实了双元创新在组织学习与企业绩效之间具有中介作用。谷盟等(2015)[87]实证研究了创新包容性与市场绩效之间的关系,并考察了双元创新的中介作用,实证结果证实了双元创新与企业市场绩效正相关,同时证明了双元创新中介效应的存在。王兰云等(2015)[88]实证研究了战略人力资源管理一致性、双元创新和组织绩效的关系,研究结果表明:双元创新有利于组织绩效的提升,双元创新在战略性人力资源管理异质性与组织绩效之间起部分中介效应。付丙海等(2015)[89]实证研究了创新链资源整合与企业创新绩效之间的关系,考察了双元创新的中介作用,研究结果表明:双元创新有利于企业创新绩效的提升,双元创新在创新链资源整合与企业绩效之间存在部分中介效应。马鸿佳等(2016)[90]实证研究了战略选择与天生国际化企业绩效之间的关系问题,并考察了双元创新的中介作用,结果表明:双元创新对天生国际化企业绩效有积极的影响,但双元创新仅在差异化与聚焦这两个战略与天生国际化企业绩效之间起完全中介作用。陈奎庆等(2017)[91]实证研究了创业型领导、双元创新与新创企业成长三者之间的关系,实证结果表明探索性创新与利用性创新均在创业型领导与新创企业成长之间起部分中介作用。宋春华等(2017)[92]实证研究了学习导向、双元创新与天生国际化企业绩效三者之间的关系,实证结果表明:双元创新在学习导向三个维度(学习承诺、共享愿景、开放心智)与天生国际化企业绩效间均起完全中介作用。宋春华(2017)[93]实证研究了关系学习、双元创新与企业绩效三者间的关系,实证结果表明:双元创新在关系学习与企业绩效之间起部分中介作用。郭韬等(2017)[94]实证研究了创新网络知识对企业绩效的影响,并考察了双元创新的中介作用,实证结果表明:创新知识网络对双元创新具有显著的正向作用,双元创新在创新网络与企业绩效之间起部分中介作用。潘宏亮等(2018)[95]研究了创业者吸收能力与天生国际化企业成长绩效之间的关系,并考察了双元创新战略的中介作用,实证结果表明:双元创新战略对天生国际化企业成长绩效有积极的影响,双元创新战略完全中介识别外部知识及同化外部知识和天生国际化企业成长绩效之间的关系,双元创新战略部分中介利用外部知识与天生国际化企业成长绩效之间的关系。李瑞雪等(2019)[96]研究了开放式创新、双元创新以及企业核心竞争力三者之间的关系,实证表明内向型开放式创新对渐进性创新能力和突破性创新能力均有积极影响,而外向型开放式创新仅对突破性创新能力有积极影响,企业双元创新能力对企业核心竞争力有积极影响。戴海闻(2020)[97]以双元创新为中介变量,研究了关系资本与高技术产业主导设计之间的关系,实证结果证实了双元创新在关系资本不同维度与高技术产业主导设计之间中介作用存在显著差异。

(3)双元创新的后果变量研究

He等(2004)[33]研究指出探索式创新与利用式创新的交互效应与企业销售增长率正相关,探索式创新与利用式创新之间的不平衡与企业销售增长率呈负相关。Gupta等(2006)[98]指出实施双元创新的企业有着更好地绩效。Lubatkin等(2006)[99]在研究了高管团队行为整合、双元创新与中小企业绩效之间的关系后,结果表明高管团队行为整合水平与实施双元创新正相关,而实施双元创新有利于中小企业绩效水平的改善。Sarkees等(2010)[100]研究双元创新与企业绩效之间的关系,实证显示企业实施双元创新战略对企业收入、利润、顾客满意和新产品推出等均具有积极的影响,营销职能在双元创新战略与企业利润、顾客满意、新产品推出之间均具有中介作用。Kitapci等(2013)[101]实证研究了双元创新与企业生产绩效之间的关系,并考察了学习能力的中介作用,实证表明了双元创新对企业生产绩效具有积极作用,学习能力部分中介双元创新与企业生产绩效之间的关系。党兴华等(2013)[102]研究了双元创新与网络惯例的关系,实证结果指出双元创新对网络惯例的影响因信任程度高低而不同。吴俊杰等(2014)[84]研究了企业家社会网络、双元创新与技术创新绩效三者之间的关系,实证结果表明:双元创新对企业技术创新绩效有积极的影响。吴航等(2018)[103]研究国际化双元创新战略(含双元创新平衡战略与双元创新互补战略)与创新绩效之间的关系,结果表明国际化双元创新平衡性与双元创新互补性均对企业创新绩效具有显著的正向影响。李悦等(2018)[104]研究了双元创新行为与心理脱离之间的关系,指出双元创新行为不利于员工心理脱离。金昕

(2019)[105]实证研究了双元创新战略(含利用性创新战略和探索性创新战略)与组织绩效之间的关系,结果表明双元创新战略两个维度均对组织绩效有积极影响,而且与利用式创新相比,探索式创新对组织绩效的影响更大。李瑞雪(2019)[106]研究了双元创新对企业可持续发展之间的关系,实证结果表明双元创新能够促进企业可持续发展。

1.2.1.3 双元创新测量

关于双元创新的测度,学者 Ahuja(2000)[107]、Srensen&Stuart(2000)[108]和Russo&Vurro(2010)[109]等均采用企业获得的专利数量来测量。而相关研究指出,采用专利数量测量突破性创新或者渐进性创新具有明显的缺点[110−112]。学者金昕指出采用专利数量来测量突破性创新和渐进性创新主要存在以下3个方面的不足[112]:①专利申请的门槛相对较高,使得部分渐进性创新可能无法得到较好的体现,有低估企业技术创新的可能。②专利申请需要一定的申请周期并需支付相应的费用,导致不同企业在申请专利方面的积极性存在差异。③部分企业可能会基于企业战略方面的原因考虑而不愿意申请专利,如因担心核心技术外泄而不愿申请专利,从而对技术创新指标的测量产生影响。

He&Wong(2004)[33]分别采用 4 个测量题项来测量渐进性创新与突破性创新,通过过去三年中,企业技术创新活动在探索性目标与开发性目标之间分配的精力与资源数量来进行衡量,具体测量问项目的在于弄清企业实施创新项目的重点在于进入新产品市场领域,还是在于提高现有产品的效率,例如企业采取引进新一代产品,而不是提高现有产品的质量;开拓新市场,而不是降低生产成本,一般来说这些测量项目能够较为准确地体现企业"探索新可能性"或者"开发升级老产品"的本质。

Atuahene. Gima(2005)[14]围绕技术创新的结果来进行测量,即创新产品或者服务究竟是属于渐进性创新产品还是突破性创新产品,来对渐进性创新与突破性创新进行测量。

Jansen 等(2006)[7]开发了探索性创新与利用性创新测量量表,采用"企业能够接受超越现有产品或者服务的需求"等 6 个测量问项测量探索性创新,采用"企业能够为当地市场提供改进的现有产品和服务"等 6 个测量问项测量利用性创新。

焦豪(2011)[34]开发了双元创新测量量表,采用 7 个题项测量利用式创新,如"持续地向现有客户供应当前产品与服务"等;采用 7 个题项测量探索式创新,如"乐于推广(相对于本企业来说)全新产品和服务"等。

党兴华等(2013)[102]等开发的双元创新测量量表采用 4 题项来测量渐进性创新,如"与竞争者相比,企业开发了更多样式的新产品"等;采用 5 题项测量突破性创新,如"相比于竞争者,企业创造了更多新产品"等。

李胜楠等(2018)[113]围绕产品、服务以及市场等方面分别采用 5 个问项测量探索性创新,如"企业创造新产品与服务"等;采用 6 个问项测量开发性创新,如"企业定期就当前产品与服务作出适当改变"等。

近年来,国内外双元创新研究者实证研究时较多参考了 Atuahene. Gima(2005)[14]、He&Wong(2004)[33]和 Jansen 等(2006)[7]学者研究,来开发渐进性创新与突破性创新量表,实证研究显示其具有较好的信效度。

1.2.2　组织学习研究

1.2.2.1　组织学习理论

March 和 Simon 1958 年正式给出了组织学习的概念,认为组织学习是组织通过对外部环境风险研判而调整决策与行为来达到适应环境的往复过程[114]。1978 年,Argyris 和 Schon 的《组织学习:行动透视理论》著作出版,意味着西方研究者开始系统化地研究组织学习这一重要理论。随后,组织学习理论日益受到学术界与企业界的广泛关注。1990 年,彼得·圣吉的著作《第五项修炼——学习型组织的艺术与实务》问世后,组织学习理论迅速得到传播,学术界和企业界掀起了研究组织学习理论与实践的热潮,国内外学者们围绕组织学习开展了大量卓有成效的理论分析与实证研究。然而,由于组织学习概念抽象且复杂,学术界至今未能就组织学习概念达成共识[115]。

Senge(1990)[116]指出组织学习源于个体学习,而个体学习虽然无法保证组织学习,但是若没有个体学习,组织学习终将无法实现。Hames(1994)[117]指出学习源于个体持续实践感知,侧重于新办法、新本领与新观点的习得,来适应动态变化的组织外部环境。Marquardt(1994)[118]指出学习意味着改变,个体行为改变源于实践中获取的新见解、新想法和新感悟;学习产生的前提是学习者既具有找出错误问题的能力,又具备解决问题的动机。国内学者陈国权等(2000)[119]指出组织学习是持续改变或进行重新设计组织来适应动态变化的外部环境。张钢等(1995)[120]将组织学习界定为具有控制和反馈机制,能够不断修正错误的过程。于海波等(2004)[121]整合了各种观点,将组织学习界定为组织为了适应动态变化的外部环境或者达成自身的愿景,在员工、群体、组织层面及组织间等所获得新知识与行为,并能够做出说明、整合与制度化的循环上升的社会互动过程。江积海等(2007)[122]将组织学习界定为组织成功所必须具备的重要素质,具有快于竞争对手的学习能力是企业实现可持续发展的关键。现有研究指出组织学习的主要挑战在于吸收新知识与利用旧知识,即如何处理好消化新知识与利用所学知识的问题[123-124]。

1.2.2.2　组织学习分类

从不同视角看组织学习,有不同的分类。常见的分类有探索式学习与应用性学习、内部学习与外部学习、战略性学习与业务性学习等[125]等。其中探索性学习与应用性学习是当前学术界较为主流的划分方法,受到国内外组织学习领域学者的广泛关注。下文就 3 种组织学习分类作简要介绍:①按照组织学习获取的知识与组织现有知识的远近,划分为探索性学习与应用性学习,其中探索性学习是识别和领悟组织外部具有潜在价值的新知识,应用性学习是运用组织自身知识来创造新知识与商业产出。Levinthal 等(1993)[32]指出探索性学习有助于动态环境下创造新产品来满足新市场的需求。Eisenhardt 等(2000)[126]指出,动态环境下企业产品更新换代加速,迫使企业寻求新技术或新市场,凭借探索性学习进行创新。Zahra 等(2000)[127]认为,高水平的探索式学习能够帮助企业更好地从组织外部获取知识,从而获得先发优势。Benner 等(2003)[3]认为探索式学习包括识别外部知识、同化外部知识两方面,是知识获取的重要过程,该研究还指出:高强度的利用性学习能够较好地同化企业内部知识,有助于产生更优的企业绩效。

国内学者曾萍(2011)[128]认为利用式学习主要涉及将现有知识与市场需求相匹配。因而,就组织而言,须依据具体情境开展合适深度的学习,确保组织学习活动能够不间断的展开[81]。②按照学习发生范围,可将组织学习划分为"内部学习"和"外部学习"两类。内部学习发生在企业内部,这种组织学习侧重于企业自身能力的挖掘,即注重内部员工素质的改善。外部学习发生在企业外部,其主要任务是从企业外部获取生产经营活动(特别是技术创新活动)所需要的知识、信息或创意等,即注重企业外部资源的获取与使用。③按照组织学习的层次将其划分为战略性学习与业务性学习。战略性学习关注企业长远目标(如企业战略、愿景等),侧重于提升企业长期绩效;而业务性学习关注企业短期目标(如具体操作流程的优化等),侧重提升企业短期绩效。此外,还有一些关于组织学习的分类:例如,Nevs(1998)将组织学习划分为知识获取、知识共享与知识应用;Sinkula(1994)从系统信息视角,将组织学习划分为开放心智、共同愿景和学习能力[129]。

1.2.2.3 组织学习障碍研究

就对组织学习的认识而言,国内外学者们较为一致地认为,组织学习活动存在于任何组织中。然而,就现有组织学习类型、深度以及其与企业绩效之间的关系千差万别,其中的一个非常重要的原因在于组织学习活动中存在各种阻碍学习的因素,导致组织学习活动无法高效地展开。而组织障碍问题研究的主要目的在于通过对影响组织学习过程的各个环节进行深入剖析,分析各环节中影响组织学习的主要因素,理顺与打通各环节中的主要学习障碍,破解组织学习过程中所面临的各种难题,提高组织学习效率与组织绩效。

针对组织学习障碍这一现象,圣吉(1990)[116]将其定为"学习无能",并仔细梳理了作用于组织学习的七大障碍,具体有:思维局限、归罪于外、缺乏整体思维、关注个体事件、无法觉察渐进变化的威胁、经验学习错觉和管理团队的迷失。Kim(1993)[130]在 Agris和 Nonaka 的基础上提出了组织学习七个障碍:限制性学习、迷信性学习、受众学习、模糊学习、情境学习、片段学习以及机会学习。国内学者陈国权等(2000)[131]认为组织学习障碍表现为阻碍组织学习的各种要素。通过对组织学习过程模型进行深入研究,将组织学习过程模型划分为 5 个阶段(即发现、发明、执行、推广和反馈)和 1 库(即知识库),并依据组织学习过程模型,按照组织知识传递过程,认真梳理了组织学习过程中的 17 个障碍,并根据具体障碍分析,有针对性地给出了消除组织障碍的具体举措,为向学习型组织迈进奠定了坚实的理论基础[131]。赵风中(2006)[132]指出了组织学习的五大障碍,具体有:组织文化障碍、缺乏系统思考、共同远景不当、结构变革风险与先进技术运用的滞后和领导者迷思。徐世勇(2008)[133]将组织学习的障碍划分为实施者障碍与组织学习过程障碍,具体如实施者障碍使得组织内部管理人员与组织外部的管理咨询专家能够就组织中的管理者要素、员工素质和结构要素等进行了全面分析,从而确定了组织学习的主要障碍,而组织学习过程障碍则表现为组织学习的中断。此外,文中还指出了组织学习障碍划分的现实意义及存在的不足。朱瑜等(2010)[134]从学习方法和文化两个方面全面分析了组织学习面临的障碍,具体学习方法障碍主要有片段学习、机会学习、表面学习、模糊学习、迷信学习、限制性学习和封闭性学习,文化障碍主要指内部不透明、封闭、成员虚伪及相互不信任等均将阻碍组织学习。尹志红等(2011)[135]围绕组织领导、组织员工、组织构架、组织文化以及组织环境等 5 个方面,全面分析了影响组织学习的主要障碍。具体障碍表现如下:组织领导障碍主要表现为领导热衷于独揽权力、被胜利迷惑以及不愿学习;组织员工障碍主要表现为员工自信心和创造力缺乏;组织构架障碍主要表现为组织层次过多、部门本位主义思想严重和信息不通畅;组织文化障碍主要表现为过分追求平稳、缺乏冒险精神、创新动力不足和信息共享意愿弱;组织环境障碍主要表现为外部环境整体学习氛围差、组织学习政策支持力度不够、行政干预过多以及地域方面的差异。

1.2.2.4 组织学习的相关研究成果

组织学习变量方面的研究文献较多,本部分仅围绕与研究主题联系紧密的实证研究文献进行梳理,组织学习在实证研究中同样无外乎是作为前因变量、中介变量以及后果变量的,后果变量方面的研究则较多时围绕新创企业绩效、组织绩效、创新绩效和企业升级等研究变量展开[136-139],后果变量的研究结论进一步验证了组织学习对于企业发展的重要意义,而就后果变量而言,本书仅介绍与研究主题直接相关的双元创新,即组织学习作为双元创新的前因变量,下文(文中序号为 1.2.4 部分)将专门进行介绍。此处主要围绕组织学习的前因变量进行简要介绍,为企业提升组织学习水平提供思路。就组织学习的前因变量实证研究进行梳理发现,较多围绕学习主体、学习网络和战略定位等前因变量展开研究。学习主体方面的前因变量主要围绕创新开放度、创新氛围和创新主体差异性,学习网络方面的前因变量主要围绕创新网络、网络嵌入和社会资本等变量,战略定位方面的前因变量主要围绕市场导向和企业战略导向。具体如下:王丽平等(2017)[136]实证研究了创新开放度、组织学习、制度环境和新创企业绩效之间的关系,研究结果表明创新开放度对组织学习具有显著的正向影响。曹勇等(2019)[140]实证研究了创新氛围和双元组织学习之间的关系,结果表明创新氛围对企业双元组织学习有显著的正向影响。岳鹄等(2018)[141]研究了创新主体差异性与组织学习之间的关系,结果表明组织类型差异和技术能力差异对利用式学习有倒"U"型影响,对探索式学习有正向影响;而目标差异对组织学习起显著的负向影响。蔡莉等(2010)[142]实证研究了创新网络、组织学习和新企业绩效三者之间的关系,结果表明创新网络对组织学习有显著的正向影响。毛蕴诗等(2019)[139]实证研究了双重网络嵌入(含市场网络嵌入与制度网络嵌入)、组织学习和企业升级三者之间的关系,结果显示仅市场网络嵌入对组织学习有显著的正向影响。颉茂华等(2019)[143]实证研究社会资本、组织学习能力和集群竞争力三者之间的关系,指出社会资本对组织学习能力具有显著的正向影响。谢洪明(2005)[144]实证研究市场导向和组织绩效之间的关系时,考察了组织学习的中介作用,实证结果表明:市场导向对组织学习有显著的正向作用。田庆锋等(2018)[145]在研究企业战略导向、双元学习和商业模式创新三者之间的关系,研究结果显示总体上创业导向对双元学习有显著的正向影响,市场导向中的竞争者导向和跨部门协调对双元学习有显著的正向影响,但顾客导向仅对利用性学习有积极的正向影响。

1.2.2.5 组织学习测量

Goh 等(1997)[146]提出,组织学习测量可围绕组织目标与愿景、领导允诺与授权、探索创新与激励、知识分享、团队协作处理问题 5 个维度、21 个测量问项进行设计。Baker 等(1999)[147]提出组织学习包括学习承诺、共享愿景与开放心智 3 个维度。Bontis 等

(2002)[148]将组织学习分为学习存量维度与学习流量维度:存量维度含个体层、团队层和组织层3个维度,学习流量维度包含前馈和反馈2个维度。Atuahene·Gima(2005)[14]将组织学习分为探索性学习与应用性学习两种,应用性学习由"企业提升了为客户寻找与现有解决方案接近的能力,而不寻求全新的解决方案"等5个测量题项构成;探索性学习由"获得对创新至关重要的全新管理和组织技能(如预测技术和客户趋势;识别新兴市场和技术;协调和整合研发;营销、制造和其他职能;管理产品开发过程)"等5个测量题项构成。Alegre等(2008)[149]主要围绕企业鼓励沟通、员工参与决策、良好的沟通氛围、管理者能够为促进内部沟通创造条件、员工意见常影响企业决策、跨部门与跨职能团队组建和员工决策参与感等7个方面进行测量问项设计。

陈国权等(2002)[150]根据组织学6阶段构建了蛛网模型来测量组织学习,该方法直观明了,能够较好地把握企业组织学习中的薄弱环节,有利于提出相应对策。朱朝晖等(2008)[151]认为组织学习包括探索性学习和挖掘性学习。探索性学习由"能够较好地在组织内部分享(企业创造或从外部获取的)新技术范畴的知识"等4题项测量;挖掘性学习由"能够较好地在组织内部分享(企业创造或从外部获取的)当前技术范畴的知识"等4题项测量。郑小碧(2016)[152]将组织学习分为结构性组织学习和功能性组织学习,结构性学习由员工个人层次学习、团队层次学习和组织层次学习3个维度组成。功能性学习采用探索性学习和应用性学习进行测量。Zhou&Wu(2010)[153]指出,组织学习由探索性学习与应用性学习组成,其中探索性学习由"企业获取对创新至关重要的全新管理和组织技能"等5个测量问项构成,应用性学习由"投资开发成熟技术,提高当前创新运营的生产率"等5个测量问项构成。该测量量表,经过较多的组织学习领域研究者采用,实证也显示该量表具有较好的信效度,为组织学习测量的成熟量表,为较多学者借鉴与使用。

1.2.3 知识积累、环境动态性和环境竞争性研究

1.2.3.1 知识积累研究
(1)知识积累概念、内涵及测量

知识积累是指通过探索、应用、交流与学习等活动增加组织知识存量过程[154]。而企业知识积累的方式主要有内部知识创造与外部知识获取[155]。内部知识创造是依靠组织所拥有的资源、能力进行创造新知识、新思想、新产品以及新工艺等过程。一般来说讲,内部知识创造所形成的隐性知识具有难以模仿的特征,为企业竞争优势的重要来源[127]。内部知识创造虽然有利于培育企业核心竞争能力,但具有风险大、周期长和投资多等方面的弊端[156]。外部知识获取通常包含知识(或专利)购买、创新知识联盟以及共同研发等方式获得的组织外部知识。外部知识获取具有风险小、投资少等优点,但不利于核心能力培育及存在弱化知识创造能力的风险[156]。

而有关知识积累的测量,严太华和刘焕鹏(2014)[157]、陈恒和侯建(2016)[158]研究中采用知识存量来反映知识积累,并通过专利申请数量来测量。张军和许庆瑞(2014)[159]借鉴Barrales,Molina等人的研究,采用"关键员工的保留""组织专用性知识传承""工作

开展中形成的经验进行总结与推广"和"挫折的团体反思"等 4 题项测量知识积累。姜骞和唐震(2018)[154]围绕员工与在孵企业培训、知识分享、创新孵化经验和创新知识应用等 4 个方面,开发了测量知识积累的 4 个问题[154]。张军和许庆瑞[159]、姜骞和唐震[154]等国内学者开发的测量量表,实证也显示该量表具有较好的信效度,为知识积累测量的成熟量表,为较多学者借鉴与使用。

(2)知识积累相关研究成果

笔者对知识积累变量进行梳理,已有的与本主题相关的实证研究大多聚焦于研究其与双元创新、创新绩效和科技绩效等方面关系,在相关研究文献中较多的将其作为前因变量或者中介变量进行研究。具体如下:江旭等(2010)[160]实证研究知识积累(含内部积累和外部获取 2 个维度)对企业创新的交互作用,结果表明知识积累 2 个维度对企业创新绩效均具有积极的影响,且内部积累和外部获取的交互同样对企业创新绩效具有显著的正向影响。陈恒等(2016)[158]实证研究了自主研发创新、知识积累和科技绩效三者之间的关系,指出自主研发有助于促进知识积累,且具有较高水平的知识积累,才能够提升自主研发创新对科技绩效的驱动作用。Forés 等(2016)[155]实证研究知识积累和组织规模对双元创新绩效的影响,结果表明:知识积累和组织规模均仅对渐进性创新绩效有显著的正向影响,而吸收能力能够直接影响突破性创新绩效。杨菲等(2017)[161]实证研究了知识积累与双元创新之间的关系,结果表明知识积累促进了渐进性创新,但不利于突破性创新。姜骞(2018)[154]将知识积累作为中介变量,分析了网络能力、知识积累与创新绩效三者之间的关系,实证结果表明网络能力对知识积累有正向影响,知识积累对创新绩效有正向影响。王灿昊(2018)[162]研究了知识积累在不同领导风格(含变革型领导风格和交易型风格)与双元创新之间的中介作用,结果表明知识积累完全中介变革性领导与探索性创新之间的关系,部分中介交易型领导与应用性创新之间的关系。

1.2.3.2 环境动态性研究

(1)环境动态性概念、内涵及测量

环境动态性指企业外界环境变化速度与难以预见程度。环境动态性大多是因外部技术变革与消费者的市场需求改变等引发的[163]。环境动态性能够反映转型时期企业外部经营环境的特征,即环境变化快、变化幅度大和难以准确预测[164]。动态环境易使当前产品与服务过时,迫使企业开发新的产品与服务[17][108]。陈国权等(2012)[165]认为,环境动态性表现在企业的利益相关者(如竞争对手、供应商与顾客等)行为或需求的变化,及其所处行业的演化态势、创新进程与产品(或服务)类型。环境越动荡,表明市场越无序,企业就越需要通过创新活动来适应外界环境的变化和满足顾客动荡多变的需要。

有关环境动态性的测量,Jaworski & Kohli(1993)[166]通过企业管理者对组织外部环境的主观感知来测度环境动态性,由市场动荡、竞争强度和技术动荡 3 个维度来反映环境动态性。其中市场动荡维度反映了企业客户的组成和偏好随时间的变化趋势,由"企业新客户对于产品的相关需求常常不同于现有客户"等 6 个测量题项构成;竞争强度维度反映了企业竞争对手的行为、资源和能力,由"企业所处的行业竞争十分激烈"等 6 个测量题项构成;技术动荡维度反映了行业中技术处于不断变化状态的程度,由"随着行业技术的突破,企业涌现了大量新产品创意"等 5 个测量题项构成。

Han 等(1998)[167]采用技术动荡和市场动荡 2 个维度 8 个测量题项测量环境动态性,其中技术动荡由"外部环境中技术动荡程度"等 4 个测量题项构成,市场动荡由"顾客偏好频繁改变"等 4 个测量题项构成。

Gaur 等(2011)[168]围绕行业中的市场进入壁垒、技术标准改变频率、新产品与新服务变化速度等开发了 3 个测量问项测度环境不确定性。

国内学者围绕环境动态性进行了相关实证研究,研究中使用的测量量表大多是在借鉴国外量表的基础上,结合国内实际情况,对国外量表进行适当修订而成的。如陈国权等(2012)[165]在 Miller 开发的测量问项基础上进行了修改,围绕行业发展态势、顾客、合作伙伴、政府政策、产品或者服务类型、与本企业相关技术和竞争对手等 7 个方面的变化情况,采用 7 个问项来测量环境动态性。范志刚等(2014)[169]同样参考了国外的已有测量量表,采用环境变化速度和环境较难预测程度来测度环境动态性,具体采用围绕行业技术改变、客户偏好改变和新客户等来测量环境变化速度维度和采用技术进展预测、竞争对手行为预测和新客户对产品需求情况来测量环境较难预测程度维度。王永健等(2016)[170]考虑到中国转型时期的特点,在 Gaur 等人开发的 4 个测量问项基础上,增加了政策环境测量问项"企业所处行业政策调整速度快",即采用 5 个测量问项来测度环境动态性。

(2)环境动态性主要研究成果

围绕学习、创新等研究主题对环境动态性实证研究文献进行梳理,发现环境动态性较多作为调节变量进行研究,环境动态性作为调节变量的研究仅介绍与本研究主题密切相关的实证文献。具体如:Jasen 等(2006)[7]研究了双元创新与企业绩效之间的关系,并考察了环境动态性的调节作用,结果表明,动态环境下探索性创新对企业绩效影响更显著。Jasen 等(2009)[20]研究了领导风格与双元创新的关系,并考察环境动态性的调节作用,结果表明:环境动态性在交易型领导与探索性创新起负向调节作用,环境动态性在变革型领导与利用性创新之间的关系表现为,高环境动态性下变革型领导对利用性创新起负向影响,低动态环境下变革型领导对利用性创新起正向影响。郭爱芳等(2013)[171]实证研究两种学习(科学/经验)与创新绩效的关系,并考察环境动态性的调节作用,结果表明环境动态性能够正向调节两种学习(科学/经验)和创新绩效之间的关系。王林等(2014)[172]实证研究双元创新与新产品绩效关系时,考察了环境动态性的调节作用,结果表明环境动态性负向调节探索性创新与新产品绩效间的关系。白景坤(2016)[49]实证研究网络能力和双元创新之间关系时,考察了环境动态性的调节作用,结果表明环境动态性正向调节网络能力与探索性创新之间的关系,负向调节网络能力与利用性创新之间的关系。何霞(2016)[173]研究了新创企业战略联盟同组织学习关系,并考察了环境动态性的调节作用,结果表明环境动态性在新创企业战略联盟与组织学习之间起正向调节作用。

1.2.3.3 环境竞争性研究

(1)环境竞争性概念、内涵及测量

外部环境变化将会影响企业创新与绩效[174]。任何企业都将面临来自外部竞争对手的威胁,需要持续不间断地实施技术创新活动以应对来自竞争对手的挑战。一般来说,企业所处环境中的竞争越激烈,其进行技术创新的动力往往也越强。环境竞争性是反映企业外部环境竞争激烈的程度,主要表现在竞争对手威胁程度和竞争强度等方面[175]。激烈的竞争环境意味着面临巨大的竞争压力、较高的效率以及较低的价格[176]。高度竞争的环境使得企业热衷于低价格和高效率,并专注于提升资源的稀缺度[175]。竞争激烈的环境是把"双刃剑",它既能够给企业带来巨大的竞争压力,又能够为企业发展提供机会。

有关环境动态性的测量,Jansen(2006)[7]采用如下 4 个题项测量环境竞争性:"企业当地市场竞争激烈""企业有相对强劲的竞争对手""企业当地竞争非常激烈"和"当地市场竞争主要通过价格竞争"。Thong(1999)[177]采用顾客转向竞争对手的难易程度、同行业竞争对手的水平以及替代产品与服务的影响 3 个题项测量环境竞争性。陈勇(2012)[178]借鉴 Jaworski&Kohli(1993)[166]、Birkinshaw 等(1998)[179]和 Jansen 等(2006)[7]的研究,采用了竞争激烈情况、竞争对手情况和竞争价格情况等测量题项来测量环境竞争性。

(2)作为调节变量主要研究成果

Jasen 等(2006)[7]研究双元创新与企业绩效之间的关系时,考察了环境竞争性的调节作用,结果表明,环境竞争性正向调节开发性创新与企业财务绩效之间的关系。Kohlbacher 等(2013)[50]研究了吸收能力与集群创新之间的关系,并考察了环境竞争性的调节作用,结果表明:环境竞争性向正向调节吸收能力与开发性创新之间的关系,负向调节吸收能力与探索性创新之间的关系。李德强等(2017)[51]实证了研究动态能力与双元创新协同性之间的关系,并考察了环境竞争性的调节作用,结果表明:环境竞争性能够正向调节动态能力与双元创新平衡性、双元创新协同性之间的关系。彭灿等(2018)[52]研究了突破性创新与企业持续竞争优势关系,并考察了环境竞争性的调节作用,结果表明:环境竞争性能够正向调节突破性创新与企业持续竞争优势、战略绩效之间的关系。

1.2.4 组织学习与双元创新关系研究

组织学习与组织创新之间具有显而易见的因果关系。迄今为止,学者们对这种因果关系已经做了大量理论分析与实证研究。陈媛媛(2010)[180]指出,组织学习对组织的创新活动具有重要的影响。因为组织学习不仅能够使组织更好地应用组织中的已有知识,而且能够使组织更加卓有成效地创造新知识,并能够促进现有知识和新知识的融合与转化,从而能够有力地推动组织创新。Dewar 等(1986)[181]指出,激进性创新和渐进性创新的界定取决于新知识的多少。而新知识的多少与组织学习的类型密切相关:一般说来,单环学习与渐进性创新相对应,而双环学习与激进性创新相对应。因此,两种组织学习的规模、水平和比例对双元创新(渐进性创新与激进性创新)的实施效果具有重要的影响。

国内外学者在组织学习对双元创新的影响研究方面已经取得了一些研究成果。Li 等(2008)[182]发现探索和利用是组织学习和创新领域共同关注的焦点。Lin(2013)[12]研究了组织学习能力(含组织内学习、组织间合作和开放的组织文化 3 个维度)、双元创新和企业绩效三者之间的关系,实证结果表明,组织学习能力及其维度均对双元创新有积极的促进作用,与组织学习的单个维度、任意 2 个维度交互相比,组织学习的 3 个维度的交互作用将对企业双元创新产生更大的影响。许晖等(2013)[183]实证研究了组织学习(含探索性学习和利用性学习)与双元创新之间的关系,考察了动态能力的中介效用,其研究结果表明:组织学习对双元创新均具有显著的正向影响,但不同的组织学习方式对不同类型创新的正向影响程度不同,利用性学习主要促进利用性创新,探索性学习主要促进探索性创新;动态能力在组织学习与双元创新之间发挥中介作用,协调整合能力是利用式学习促进利用性创新的中介变量,重组转型能力是探索式学习促进探索性创新的中介变量。张徽燕(2014)[47]对组织学习能力、双元性创新与企业绩效三者之间的关系进行了实证研究,其研究结果表明,组织学习能力正向影响双元创新,双元创新正向影响企业绩效。

1.2.5 已有研究评述与有待研究的重要课题

从双元创新的实证研究文献来看,前因变量研究方面较多的是围绕创新资源获取,利用组织外部创新资源来满足实施双元创新所面临的资源需求,具体研究内容要么围绕创新资源(如智力资本、人力资本、关系资本和创新知识资本等)与双元创新之间的关系,要么围绕与创新资源获取密切相关的关系网络、网络惯例、领导方式和组织学习等变量开展研究,上述有关双元创新前因变量的研究,为双元创新的可获得性提供了大量的实证证据,即回答了企业双元创新可获得性这一重要的理论问题。而后果变量研究则主要围绕企业(创新)绩效、持续竞争优势以及可持续发展等研究变量展开,实证研究结果表明了双元创新对于企业绩效(含短期财务绩效和长期竞争优势)或者可持续发展等均具有十分重要的意义,即回答了企业为什么要实施双元创新这一重要的理论问题。

组织学习和双元创新作为两个重要的研究变量之间的关系,受到了国内外学者的广泛关注。同时实施双元创新常使得企业面临较大的创新知识资源压力,有时不得不在两类创新活动之间取舍,使得高水平双元创新较难实现。而组织学习作为获取外部技术创新知识资源、培育持续竞争优势以及核心竞争能力的重要途径,能够较好地缓解企业实施双元创新所面临的知识(或技术)资源困境,从而有助于实现较高水平的双元创新。然而,从已有的组织学习与双元创新之间的关系研究文献来看,组织学习既有作为整体变量进行研究、又有按照 2 个维度或 3 个维度进行研究的,其中 2 个维度大多分为探索性学习和应用性学习,3 个维度的组织学习既有划分为探索性学习、利用性学习和转换性学习,也有将其划分为组织内学习、组织间合作和开放的组织文化。而双元创新变量研究则较为一致,大多是划分渐进性创新和突破性创新(或者利用式创新和探索式创新),但在有关双元创新的实证研究中,既有研究双元创新两个维度渐进性创新与突破性创新,又有将双元创新作为整体变量进行研究,有关双元创新的测量方式有采用渐进性创新与突破性创新之和、差或积等方式计算双元创新,然而,变量不同的测度方式,将会影响到变量的测量数值,从而可能会对研究结论产生一定的影响。

就双元创新变量研究而言,已有的研究大多是围绕渐进性创新、突破性创新展开的,对于双元创新平衡性与双元创新互补性方面的研究则较少涉及。而就组织学习与双元创新之间的关系研究来说,现有的关于组织学习与双元创新两者之间关系的研究文献大多采用理论分析与实证研究相结合的研究方法来探究组织学习维度(探索性学习、应用性学习)与双元创新维度(渐进性创新、突破性创新)之间的因果关系,即现有研究大多侧重于研究组织学习维度层面与双元创新维度层面间的关系。而组织学习维度(探索性学习、利用性学习)与双元创新作为整体变量及双元创新协同性(含双元创新平衡性与双元创新互补性)之间的关系、组织学习两个维度间的交互与双元创新及其协同性(含双元创新平衡性与双元创新互补性)之间的关系方面的研究均未涉及,具体如探索性学习或应用性学习与双元创新之间的关系、探索性学习或应用性学习与双元创新平衡性及双元创新互补性、探索性学习与应用性学习两者的交互与双元创新之间的关系、探索性学习与应用性学习的交互与双元创新平衡性、双元创新互补性之间的关系以及组织学习(作为整体变量)与双元创新(作为整体变量)之间的关系等均未展开研究;组织学习(作为整体变量)与双元创新协同性(双元创新平衡性与双元创新互补性)之间的关系则更未能涉及,而企业实施双元创新必然涉及两类创新的平衡性与互补性。

目前学术界对于双元创新及其维度(渐进性创新与突破性创新)方面的理论分析与实证研究文献非常丰富,而涉及双元创新平衡性与双元创新互补性的研究文献则"寥若晨星",而关于组织学习与双元创新协同性及其维度(双元创新平衡性与双元创新互补性)之间的关系研究至今"尚付阙如"。笔者通过对现有文献进行了认真梳理,发现有关组织学习与双元创新之间的关系研究主要存在以下 3 个方面的不足:①就组织学习与双元创新之间关系研究而言,仅研究了组织学习及其维度(探索性学习与应用性学习)与双元创新及其维度(渐进性创新与突破性创新)之间的关系,而组织学习同双元创新平衡性及双元创新互补性之间的关系研究尚未能涉及;②组织学习对双元创新协同性及其两个维度的影响均离不开组织中的创新知识资源,那么组织学习影响双元创新协同性及其两个维度的路径中,是否存在中介变量?如果存在,究竟是什么变量?将会产生怎样的影响?③组织学习对双元创新的影响路径中并没有考虑到环境情境因素,如环境动态性与环境竞争性的调节作用。

然而,现有涉及双元创新平衡性与双元创新互补性的研究均将其分别作为两个独立的研究变量来进行研究,缺少将双元创新平衡性与双元创新互补性整合为一个整体研究变量(即本书称之为"双元创新协同性")进行研究,如组织学习与双元创新协同性及其维度(含双元创新平衡性、双元创新互补性)之间究竟存在什么内在联系?这一过程受到哪些中介变量和调节变量的影响,影响方向和影响程度如何?这些相关而重要的理论与实践究问题均有待于进一步研究和解决。

有鉴于此,本书围绕组织学习对双元创新协同性的影响机制这一研究主题,以知识积累为中介变量,通过理论分析和实证研究,揭示组织学习(自变量)、知识积累(中介变量)和双元创新协同性(因变量,其包含双元创新平衡性与双元创新互补性两个维度)三者之间的关系,以搞清楚组织学习如何通过知识积累对双元创新协同性及其两个构成维度(双元创新平衡性与双元创新互补性)的影响机制(影响路径、影响方向和影响程度)。

由相关文献[49][51][113][165][172]可知:企业外部环境的特性(如环境动态性与环境竞争性等)对组织学习和双元创新的开展均有一定程度的影响,所以也必然会对组织学习与双元创新协同性及其维度之间的关系产生影响。由此可以推断:环境动态性与环境竞争性很可能对组织学习与双元创新协同性及其维度之间的关系具有调节作用。通过对组织学习与双元创新协同性及其维度之间的关系以及环境动态性与环境竞争性的调节作用进行理论分析和实证研究,以揭示上述因果关系的边界条件,无疑具有重要的学术价值和应用价值。

此外,对于实施双元创新的企业而言,仅仅依靠自身的创新知识资源往往较难满足同时开展两类创新活动的要求。而(创新联盟)组织间学习作为一种重要的外部知识获取途径,为企业获取组织间知识提供了理想的平台,故通过组织间学习从企业外部获取知识就成为实施双元创新的重要选项。考虑到参与创新联盟的企业之间大多是既合作又竞争的关系,即每个参与创新联盟的成员企业既希望能够从创新联盟中获得有利于自身开展双元创新活动所需的知识或技术,又要防范自身核心技术被对方"染指"。由此可见,企业能否通过创新联盟获得实施双元创新活动所需要的知识,从而实现高水平的双元创新协同,不仅取决于合作双方企业所能够提供的技术与知识资源,还取决于合作双方的组织学习能力、创新联盟成员之间的信任程度以及双方所采取的合作行为。考虑到创新联盟企业参与成员之间的关系具有复杂性,联盟成员之间又并非仅仅是一次性合作,而更多的是为了应对激烈的外部竞争需要,进行长期合作。基于此,采用进化博弈理论对基于(创新联盟)组织间学习企业合作行为进行分析,而创新联盟企业间的知识合作行为将影响组织学习与知识积累,从而影响企业双元创新协同性(含双元创新平衡性与双元创新互补性)水平。因此,在进化博弈分析创新联盟企业之间知识合作行为分析的基础上,给出基于组织间学习的企业双元创新协同进化策略。

1.3 研究目标与研究内容

1.3.1 研究目标

本书围绕组织学习、知识积累与企业双元创新协同性的关系,以及环境动态性和环境竞争性对上述关系的调节作用,基于前人相关研究成果,综合运用组织学习理论、技术创新(特别是双元创新)理论、知识管理理论、协同学理论、进化博弈理论、理论分析法、实证研究法和进化博弈模型,深入研究基于组织学习的企业双元创新协同进化机制,通过建立相应的理论模型,并通过收集数据验证组织学习、知识积累与双元创新协同性及其维度(双元创新平衡性与双元创新互补性)之间的关系,并检验环境动态性与环境竞争性在组织学习与双元创新协同性及其维度间的调节作用。此外,以获取组织间知识为主线,利用进化博弈理论分析工具,分析基于组织间学习的企业双元创新协同进化策略。

本书的具体研究目标如下：

(1)在对双元创新协同性这一重要新变量的概念与内涵进行深入分析和准确界定的基础上，合理确定其构成维度、测量指标和计算方法，为本书的实证研究提供理论基础。

(2)从理论上分析组织学习及其维度(自变量)、知识积累(中介变量)、双元创新协同性及其两个维度(因变量)、环境动态性(调节变量)和环境竞争性(调节变量)这五个变量之间的关系，以提出相应的研究假设和概念模型，并通过问卷调查和统计分析对上述研究假设和概念模型进行实证检验。

(3)应用进化博弈理论，分析基于组织间学习的企业双元创新协同进化策略。具体以获取组织间知识为主线，围绕创新联盟中的组织间学习获取外部创新知识的行为选择构建进化博弈模型，在进化博弈分析的基础上，提出企业利用创新联盟获取组织外部创新知识源的具体对策，以促进企业双元创新协同发展。此外，基于实证检验结果与进化博弈结论构建"动态和竞争环境下基于组织学习的企业双元创新协同进化机制模型"。

(4)基于上述理论分析、实证研究和进化博弈分析的结果，针对企业在组织学习方面的"薄弱环节"，并考虑外部环境的影响，给出企业通过改进组织学习来促进双元创新协同进化的具体管理启示。

1.3.2　研究内容

(1)双元创新协同性的概念、内涵、测量与计算

双元创新协同性这个变量在前人文献中几乎没有提到过，关于其内涵、构成与测量的研究更是闻所未闻。本书认为，实施双元创新必然涉及双元创新的协同性，即两种创新——渐进性创新和突破性创新——的协同程度。双元创新协同性的高低能够反映两种创新协同程度的高低，是一个十分重要的研究变量。由于双元创新的协同性主要体现在两种创新的平衡性和互补性(即双元创新平衡性与双元创新互补性)两个方面，所以，我们将双元创新平衡性与双元创新互补性这两个变量整合成一个全新的研究变量：双元创新协同性。换言之，双元创新协同性由双元创新平衡性与双元创新互补性2个维度组成。在明确了双元创新协同性的概念、内涵和构成的基础上，本书将基于前人的相关理论研究成果，解决双元创新协同性的测量和计算问题，即确定双元创新协同性的测量指标和计算方法，为后来的实证研究提供理论基础。

(2)组织学习、知识积累与双元创新协同性三者关系的理论分析

对组织学习、知识积累和双元创新及其相关的研究文献进行回顾与分析，并通过理论推演，以搞清楚以下几对关系：组织学习与知识积累之间的关系；知识积累与双元创新之间的关系，包括知识积累与双元创新平衡性之间的关系，知识积累与双元创新互补性之间的关系，知识积累与双元创新协同性之间的关系；组织学习与双元创新之间的关系，包括组织学习与双元创新平衡性之间的关系，组织学习与双元创新互补性之间的关系，组织学习与双元创新协同性之间的关系，两类组织学习的交互作用与双元创新平衡性、双元创新互补性以及双元创新协同性之间的关系。在此基础上，提出相应的研究假设和关系模型。

（3）环境动态性与环境竞争性对上述三个变量之间关系的调节作用假设

通过文献综述和理论分析，初步掌握环境动态性与环境竞争性对上述三个变量之间关系所具有的调节作用，并提出以下基本假设：环境动态性在组织学习与双元创新平衡性的关系中的调节作用假设；环境动态性在组织学习与双元创新互补性的关系中的调节作用假设；环境动态性在组织学习与双元创新协同性的关系中的调节作用假设；环境竞争性在组织学习与双元创新平衡性的关系中的调节作用假设；环境竞争性在组织学习与双元创新互补性的关系中的调节作用假设；环境竞争性在组织学习与双元创新协同性的关系中的调节作用假设。

（4）研究假设与概念模型的实证检验

首先基于前人相关研究成果，设计本书涉及的研究变量（组织学习、知识积累、双元创新平衡性、双元创新互补性、双元创新协同性、环境动态性和环境竞争性等）的初始量表，然后通过小规模问卷调查和统计分析，对初始量表的信度和效度进行检验，以确定正式的变量量表和问卷调查表。进而通过问卷调查表收集实证研究所需要的有关样本数据，并采用SPSS21.0对有效样本数据进行统计分析（包括信效度分析、相关分析和回归分析等），以检验本书提出的研究假设和概念模型。

（5）基于组织间学习的企业双元创新协同性提升策略

组织间创新知识的有效获取是企业双元创新协同发展的关键，企业实施双元创新时，常常选择组织间学习满足自身的创新知识资源需求，而创新联盟为企业组织间学习获取组织外部知识资源的重要途径，本研究选择创新联盟为作为组织间学习研究对象，按照组织间学习——知识积累——双元创新协同发展的路径。具体分析时，考虑从联盟伙伴处获取实施双元创新活动所需要的知识、能力、经验和创意等，在这一过程中，创新联盟各方将会围绕组织间知识的流动展开博弈，科学管理这种博弈行为会对企业双元创新协同发展的实施绩效产生重要的影响。考虑参与联盟企业的博弈特点，本书拟采用进化博弈方法进行分析，通过深入分析基于组织间学习的企业双元创新协同进化策略问题，达到提升企业双元创新协同发展的目的。

（6）基于组织学习的企业双元创新协同进化管理启示

在上述理论分析与实证研究的基础上，根据"动态和竞争环境下基于组织学习的双元创新协同进化机制模型"和相关理论（组织学习理论、双元创新理论）等，并结合高新技术企业实际情况，提出促进企业双元创新协同发展的管理启示。

1.4 研究方法与技术路线

1.4.1 研究方法

本研究以组织学习理论、知识管理理论、技术创新理论等为指导，采用理论研究与实证研究相结合、文献阅读与调查访问相结合、定性研究与定量研究相结合的方法，对"动态和竞争环境下组织学习通过知识积累影响双元创新协同性的机制模型"及其相关理论与实践问题进行研究。研究中应用的研究方法主要包括：

（1）文献研究法。通过文献检索、阅读和分析，梳理国内外关于双元创新、知识积累、环境动态性、环境竞争性和组织学习等领域研究的发展概况。以已有文献为研究基础，把握研究问题的发展概况与趋势，掌握相关研究方法，并认真梳理相关研究文献，初步提出本书研究思路与研究概念模型。

（2）访谈研究法。本研究访谈法对象主要包括企业高管、创新管理领域教授、博士等群体。具体是通过对现有文献阅读、梳理与研究的基础上，初步确定研究的概念模型与具体研究变量的测量题项。通过实地走访南京地区部分高新技术企业高管（或者技术主管），进一步修正本研究的概念模型与研究问卷测量题项。此外，邀请创新管理领域教授、博士等专家，征求他们的意见建议，进一步完善测量问项。

（3）问卷调查法。在访谈研究基础上，再次确定本研究的测量问项，并通过选取 10 家企业进行预调研，根据问卷初步测试情况，再次邀请创新管理领域教授、博士对研究测量问项做进一步修订完善，并最终确定本研究的测量问项，然后通过问卷调查法进行本研究实证数据采集。问卷调查法作为管理实证研究的重要方法，具有效率高、成本低和时间短等优点，但存有调研时间、范围等方面的局限性。

（4）统计分析法。统计分析法为管理实证研究的常用分析工具之一，本研采用统计分析软件（SPSS21.0）作为实证处理工具，首先进行描述性分析来了解本研究主要变量的具体分布状况，然后通过信效度分析，评判研究数据的质量，接着通过相关分析初步验证本书所提出的研究假设，最后通过回归分析验证本研究所提出的具体研究假设。

（5）进化博弈分析法。本书主要考虑企业双元创新协同发展常常面临创新知识资源不足的困境，选择创新知识联盟来破解这一难题。而创新联盟企业之间的行为选择不可能做到完全理性，企业之间的行为选择将影响创新联盟博弈结果，在此考虑采用进化博弈分析方法来深入分析参与创新联盟企业的行为选择，给出通过创新联盟获取组织间知识实现知识积累，以期提高企业的双元创新协同性水平。

1.4.2　技术路线

本研究遵循"理论构建—实证检验—博弈分析—管理启示"的写作思路。首先通过认真研读国内外相关研究文献，引出本书的研究问题，并充分利用现有国内外重要研究文献，认真学习研究，完成本书的研究假设理论推演，提出本研究的概念模型。其次，通过参考本研究所涉及的研究变量的成熟测量问项，通过访谈、专家研讨等确定研究最终测量问项，并通过问卷发放获取实证研究数据，并利用 SPSS21.0 对数据进行处理，验证本研究所提出的研究假设。再次，从获取组织外部知识的创新联盟入手，利用进化博弈分析参与创新知识联盟企业的行为选择，并运用 Matlab R2016a 进行仿真，深入分析创新联盟成员行为选择对进化结果的影响，最后给出提升企业双元创新协同性的管理启示。本研究技术路线如图 1-1 所示。

"理论构建"阶段	
主要任务	设计"渐进性创新(预试)、突破性创新(预试)量表"; 设计"探索性学习(预试)、应用性学习(预试)量表"; 设计"知识积累(预试)量表"; 设计"环境动态性(预试)、环境竞争性等(预试)量表"; 构建组织学习、知识积累、环境动态性、环境竞争性与双元创新协同性的关系模型
研究方法	文献研究、专家访谈、问卷调查和理论演绎
理论工具	双元创新理论、组织学习理论、知识管理理论和研发与创新管理理论等

↓

"实证检验"阶段	
主要任务	确定"渐进性创新、突破性创新量表"; 确定"探索性学习、应用性学习量表"; 确定"知识积累量表"; 确定"环境动态性、环境竞争性"等量表; 对关系模型进行实证检验
研究方法	问卷调查与统计分析(包括相关分析、主成分分析、方差分析和回归分析等)
理论工具	SPSS21.0软件

↓

"博弈分析"阶段	
主要任务	基于组织间学习的企业双元创新协同性提升策略
研究方法	进化博弈理论
理论工具	Matlab R2016a

↓

"管理启示"阶段	
主要任务	给出企业提升双元创新协同发展的管理启示
研究方法	理论联系实际的方法
理论工具	双元创新理论、组织学习理论、知识管理理论和研发与创新管理理论等

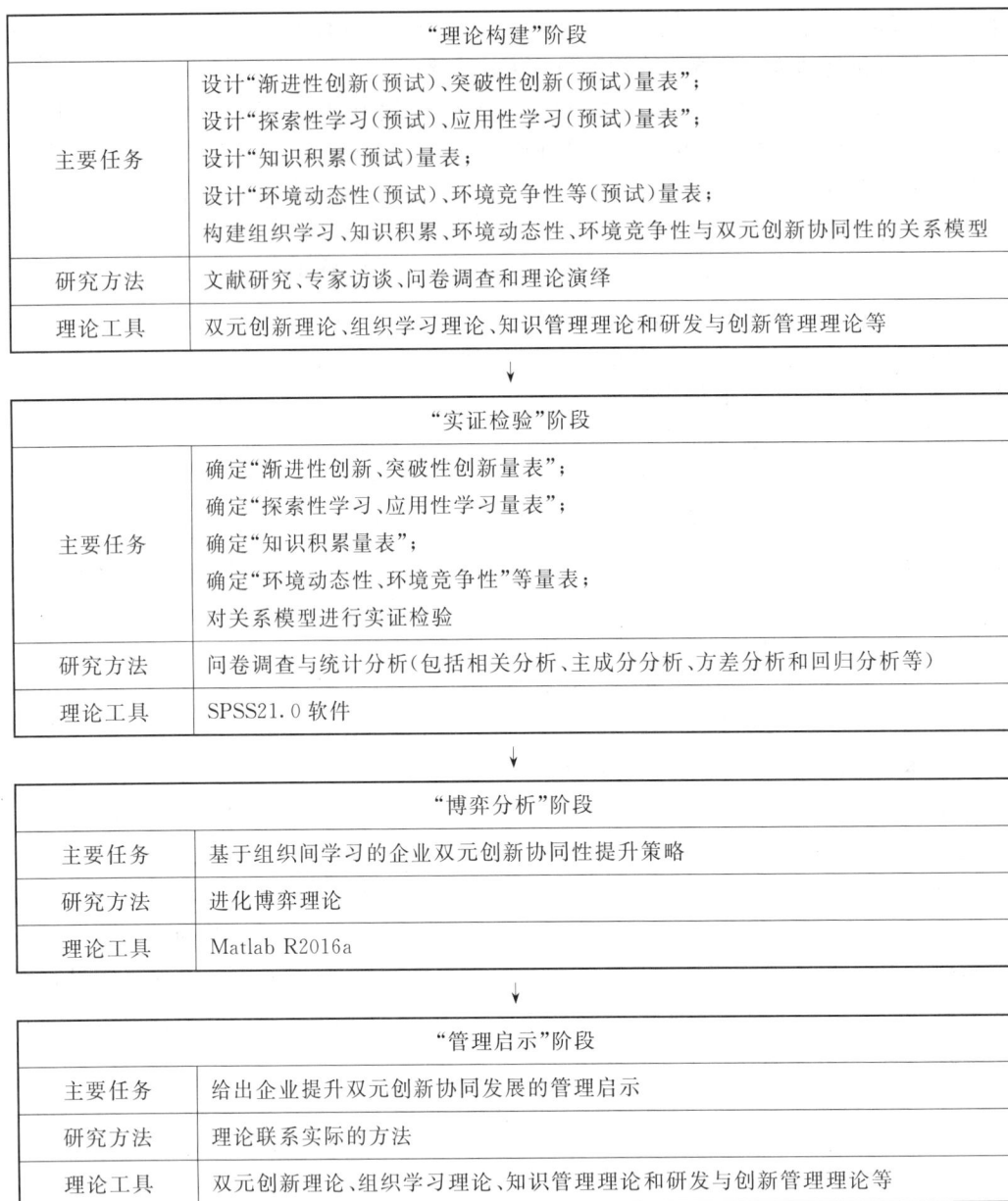

图 1-1 研究的技术路线

1.5 创新之处和章节安排

1.5.1 创新之处

(1)将双元创新平衡性与双元创新互补性这两个变量整合为一个新变量:双元创新协同性。顾名思义,双元创新协同性是一个用来衡量企业两种创新(渐进性创新和突破性创新)活动之间协同程度的变量,它由双元创新平衡性和双元创新互补性两个维度组成,并利用 QingCao 等(2009)[31]关于双元创新平衡性与双元创新互补性的测量方法,将双元创新平衡性与双元创新互补性视为同等重要,即分别赋权 0.5,来计算双元创新协同性的得分。由双元创新协同性含双元创新平衡性与双元创新互补性,可知企业要想实现高水平的双元创新协同性(水平),既需要具备高水平的双元创新平衡性(水平),也需要具备高水平的双元创新互补性(水平)。故采用双元创新协同性衡量双元创新水平改善了单一的双元创新平衡性或者双元创新互补性评价双元创新存在的局限性,详细分析见本书序号为 2.9.4 部分。

(2)通过理论分析和实证研究,构建出"动态与竞争环境下基于组织学习的企业双元创新协同进化机制模型",该模型包含五个重要变量——组织学习(自变量)、知识积累(中介变量)、双元创新协同性(因变量)、环境动态性(调节变量)和环境竞争性(调节变量),比较深刻和全面地揭示了动态与竞争环境下组织学习通过知识积累影响双元创新协同性及其维度(双元创新平衡性和双元创新互补性)的机制。

(3)将进化博弈理论应用于(双元)创新联盟中企业知识合作行为分析,深入剖析参与创新联盟企业的行为选择及其演化规律,进而提出通过组织间学习来破解开展双元创新中的知识困境,以有效提升企业双元创新协同性(水平)的对策。

1.5.2 章节安排

本书总共分 7 章,具体章节安排如图 1-2 所示,具体内容如下:

第一章 绪论。此部分着重介绍本书的选题来源及撰写思路,对国内外相关研究文献(包括组织学习、知识积累、双元创新、环境动态性、环境竞争性、组织学习与双元创新的关系文献)进行了全面回顾与系统分析,指出了组织学习与双元创新之间关系研究方面存在的不足,进而重点论述了本书研究问题的提出、撰写思路、内容布局、分析方法、技术路线和创新之处。

第二章 相关理论概述。此部分概要地介绍了组织学习、技术创新、双元创新、双元创新平衡性、双元创新互补性和双元创新协同性等基本理论,以及组织学习对企业技术创新的影响,从而为后面的研究提供了理论基础和理论依据。

第三章 研究假设与概念模型。此部分在文献研究的基础上,应用有关理论,对组织学习(自变量)、知识积累(中介变量)、双元创新协同性及其两个维度(因变量)、环境动态性(调节变量)与环境竞争性(调节变量)五个变量的关系进行了理论分析,以提出相应的研究假设和关系模型(即概念模型)。

第四章 实证研究设计与样本数据收集。此部分主要介绍调查问卷设计流程、变量测量、问卷防偏措施、变量量表的开发与确定过程、样本选择、数据采集和统计方法选择(含信效度分析、多重共线性分析、描述性统计分析、相关分析、回归分析、中介效应检验和调节效应检验)等方面的内容。

第五章 研究假设与概念模型的实证检验。此部分应用 SPSS21.0 软件对通过调查问卷收集到的有效样本数据进行统计分析,以检验五个研究变量量表的信度和效度,以检验第三章所提出的研究假设和概念模型。

第六章 基于组织间学习的企业双元创新协同进化策略。此部分主要以获取组织间知识为目的,利用进化博弈理论分析方法,分析参与创新联盟企业行为选择对组织间知识获取效果的影响,从而能够较好地指导企业通过科学运用创新联盟组织间学习缓解自身创新知识资源的不足,即通过(创新联盟)组织间学习实现组织间知识积累,达到提升企业双元创新协同性水平和企业创新绩效的目的。此外,基于实证研究和进化博弈分析,建立"基于组织学习的企业双元创新协同增长机制模型",即"基于组织学习的企业双元创新协同进化机制模型"。

第七章 研究总结与未来展望。此部分主要对本书的研究工作总结、研究的主要结论、理论贡献、实践意义以及管理上的启示,同时指出本书研究存在的局限性以及对未来进一步研究的展望。

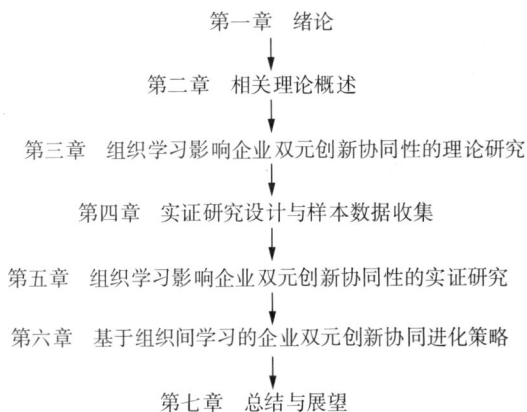

第一章 绪论

↓

第二章 相关理论概述

↓

第三章 组织学习影响企业双元创新协同性的理论研究

↓

第四章 实证研究设计与样本数据收集

↓

第五章 组织学习影响企业双元创新协同性的实证研究

↓

第六章 基于组织间学习的企业双元创新协同进化策略

↓

第七章 总结与展望

图1-2 本书的章节安排

第二章　相关理论概述

2.1　组织学习的概念、内涵与类型

2.1.1　组织学习的概念与内涵

伴随企业外部环境的动荡多变和同行企业之间竞争的日趋激烈,组织学习的重要性越发凸显。通过有效的组织学习,企业不仅能够提高知识存量和流量,还能够增强技术创新能力和环境适应能力,从而能够在动荡多变、竞争激烈的环境下立于不败之地。组织学习也是企业提高核心能力与实现可持续发展的根本途径。因此,20 世纪 90 年代以后,企业核心能力、组织学习和学习型组织成了国内外学术界和企业界共同关注的重要研究领域。

关于组织学习,学者们从不同的研究视角给出了多种不同的定义。而目前有关组织学习的主流定义是组织不断变革来适应组织所面临的内外部环境。对于组织学习问题的关注源于 1958 年 March 和 Simon 的研究,直至 1978 年 Argyris 和 Schon 正式提出组织学习的概念,并指出组织学习就是"发现错误,并通过'组织应用理论'重构而进行修正的过程"[184]。此后,组织学习逐渐为学术界与企业界重视,学术界围绕组织学习进行了长期卓有成效的探索,不同学者分别从不同研究视角对组织学习概念进行了界定,而有关组织学习的认知主要集中于以下 4 个方面[185]:(1)将组织学习视为过程,即组织内知识的获取、转移、吸收和应用等能力的提升是一个不断发展的过程,是同组织效率以及组织适应能力密切相关,是一个循序渐进的过程,不能一蹴而就。(2)将组织学习视为能力,即组织适应外部环境的能力,是通过组织内部的知识创新或者知识分享,具体体现为企业提供产品或者服务的能力。(3)将组织学习视为结果,即组织学习本质上是为了实现组织目标。(4)将组织学习作为系统来进行研究,即组织学习系统包含过程因素、促进因素和制约因素。

Arie(1988)[186]将组织学习视为战略过程,是培育未来竞争优势的关键,并指出组织学习是发生在特定环境与条件下的集体行为。Bontis 等(2002)[148]将组织学习视为多种知识创造过程的组合,具体包括知识创造、精炼、推动和分享四个阶段。Dodgson(1993)[187]指出,组织学习根据特定的组织文化,并以企业特定业务为中心进行构建、布局与扩充组织知识及改进工作程序和路径,通过工作路径提升员工的工作技能,实现组织适应性与组织效率的全面提升。Dodgson(1993)[187]还指出,企业面对动态的竞争环

境,学习能够提升组织或者组织部门的工作效率与变革能力,有利于全面提升企业的竞争能力,企业面临的外部环境动态性越高或不确定性越大,组织学习的动机将会越强。Hames(1994)[117]认为,学习是源于差异的实践经历,是有关变化世界的新方法、新才干和新观点。Marquardt 等(1994)[118]指出,学习发生在个体能够认识到问题所在,即能够及时发现错误,且具有纠正错误与解决问题的学习动力,他同时指出,组织学习受社会、政治与结构等多方面因素的作用,既需要个人学习,更需要团队学习。Goh(1998)[188]指出:组织学习是一个长期的过程,能够增加竞争能力的行为,需要组织高层的一贯重视以及管理者的足够忠诚与努力。

国内组织学习研究领域知名学者陈国权(2009)[189]认为,组织学习是指组织充分整合组织内外资源来适应动态变化的外部竞争环境,实现可持续发展的过程。这一定义的要点主要有:(1)指出组织学习是一种主动行为,虽然大多组织都存在学习行为,但部分学习是一种无意识的被动行为,而积极主动的学习行为在获取组织内外部知识方面均具有较大的优势,有助于企业持续竞争优势的培育。(2)组织学习源于个人学习。个人学习蕴含认知改变与行为改变两个方面,而组织学习不仅意味着组织员工行为、观念与认知等方面的改变,还应包含组织体系(如流程、规范、程序和结构)等方面的改变。(3)组织学习的目的在于能够获得生存与实现可持续发展。通过组织学习提升适应能力来实现生存是企业的首要任务,其次在于获得高质量的组织发展。此外,陈国权等(2000)[119]认为最成功企业应为"学习型组织",同时指出企业所拥有的唯一持续竞争优势是拥有快于竞争对手的学习与创新能力。郭迟等(2007)[190]指出,组织学习有助于企业竞争能力的提升,应该得到企业高管的一贯重视以及管理人员的忠诚与努力。

2.1.2 组织学习的类型

为了更加深入、系统地研究组织学习,学者们从不同视角对其进行了分类:Argyris 将组织学习划分为单环学习和双环学习;Senge 将组织学习划分为适应性学习与生产性学习;Schein 将组织学习划分为维持性学习与变革型学习;埃德蒙森和莫吉将组织学习划分为学习如何做和学习为什么;March 将组织学习划分为探索性学习与应用性学习[4][119]。限于篇幅,下面主要介绍单环学习、双环学习与三环学习以及探索性学习与应用性学习。

从学习深度、层次与重要性等角度,Agris&Schon(1978)将组织学习划分为单环学习和双环学习,如图 2-1 所示。单环学习能够把企业经营绩效同企业经营策略、经营行为等关联起来,并通过修正经营策略与经营行为,来确保企业绩效(水平)保持在预定目标和企业规定的范围[119]。也就是说,单环学习仅通过单一的反馈环来实现企业的目标。若某企业将目标设定为市场份额最大化,那么单环学习将围绕扩大市场份额这一目标,通过不断调整、优化行为来实现扩大市场份额这一目标。然而,单环学习本身并不会主动去质疑组织先前所设定的目标,即为何要将组织目标设定为市场份额最大化?市场份额最大化目标是否有利于实现企业的长远发展?单环学习本身是不涉及组织目标再思考,即单环学习不会考虑组织目标是否合理。因此,单环学习虽然有利于组织短期目标的实现,然而,要想实现组织长远发展,就需要进行更深层次的双环学习。双环学习涉对企业总体目标的再思考和再评价,从而有可能改变企业规范与预定目标,如双环学习能够实现企业目标从"市场份额最大化"到实现"利润最大化"或者"社会效益最大化"等目标的转变[119]。与单环学习和双环学习不同,三环学习则属于组织最深程度的学习,有利于新知识的创新、创造及分享。Basten 指出:三环学习是指组织应学会如何学习,通过思考与改善组织学习过程、学习方式等来实现组织目标。

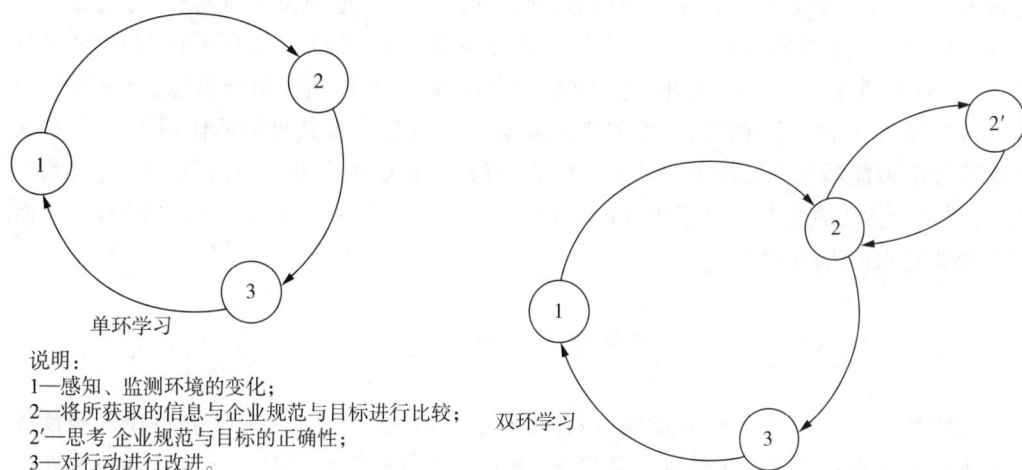

说明:
1—感知、监测环境的变化;
2—将所获取的信息与企业规范与目标进行比较;
2′—思考 企业规范与目标的正确性;
3—对行动进行改进。

图 2-1 单环学习、双环学习示意图

资料来源:陈国权,马萌. 组织学习—现状与展望[J]. 中国管理科学,2000(3).

March(1991)[4]在关于组织适应过程问题的研究中首次提出探索性学习与应用性学习。自 March 提出探索性学习和应用性学习概念后,探索性学习和应用性学习就成为技术创新、组织学习、竞争优势、组织生存和能力发展等研究领域的重要分析对象[56][191-194]。March(1991)[4]认为,探索性学习重在从组织外部获取知识,应用性学习重在对企业现有知识与资源的挖掘使用。March(1991)[4]还指出,应用性学习主要侧重于将新知识与现有知识进行整合,有助于新知识在新产品中应用。探索性学习本质在于对新知识领域的探索,应用性学习本质在于拓展组织已有技术、能力和范式,对于组织来讲,探索性学习与应用性学习两者都十分重要[195]。对于企业来讲,既需要通过拓展现有技术与能力满足于获取短期利润的需要,又需要对全新领域进行探索,使得组织能够在未来竞争中占有一席之地。本研究采用 March 关于组织学习的分类,即将组织学习划分为探索性学习与应用性学习。

2.2 探索性学习与应用性学习的概念与特点

2.2.1 探索性学习与应用性学习的概念

组织要想获得未来价值,首先必须确保其当前能够生存,否则其远期能力将没有任何意义[195]。March 在 1991 年首次提出探索性学习与应用性学习这两个概念,指出探索性学习本质在于尝试新方案,具体可以采用探寻、变化、承担风险、试验、尝试、应变、发现和创新等术语进行描述的学习行为[4]。应用性学习本质在于拓展与提高组织现有技术、能力以及范式等,具体可以采用提炼、筛选、生产、效率、选择、实施和执行等对学习行为进行描述[4]。这两种完全不同的学习方式对企业而言均具有极其重要的作用[184]。企业为了适应短期竞争的需求,就需要深度挖掘组织中知识,即充分利用与挖掘组织中熟悉的知识[32]。由于企业具有相关的技术经验,并且具有一定相关知识储备,因此容易获得较好的、易于预测的回报[195]。探索性学习与应用性学习是具有不同目的学习行为[191]。探索性学习更多的强调搜索、实验和尝试等活动,以期获得新思想、新流程和新模式等。探索性学习在重构组织原先知识基础方面发挥着极其重要的作用[4]。高层次的探索性学习能够充分发挥企业的先发优势,有利于企业识别外部"价值连城"的技术知识,并将其分解为企业员工易于吸收的知识,有利于较好吸收与融合组织内外知识,从而避免企业陷入能力刚性[80]。

2.2.2 探索性学习与应用性学习的特点

探索性学习具有投资大、风险高、收益不确定性高、投资回报期较长和路径依赖性等一系列特点。而在高度竞争的动态环境下,企业须进行探索性学习才能更好地满足外部竞争需要和实现可持续发展。面对动态与竞争的外部环境时,决定企业成败的关键在于其探索性学习能力[4][32][191]。探索性学习通过尝试、冒险、探寻新技术(知识)或者创业机遇,一旦实现技术上的新突破和创业上的成功将有助于迅速实现企业能力的提升,从而带来创新业绩的提升[191]。Brady 等(2004)[193]指出,企业对已有能力的开发与挖掘所带来的短期收益,往往不及企业探索新技术(或新市场)带来的长远收益。March (1991)[4]指出,探索性学习过程常常面临巨大的成本投入,回报具有较高的不可预见性,甚至还有可能造成企业亏损。探索性学习具有路径依赖性,伴随着探索性学习活动的开展,企业将会投入更多地资源来开展探索性学习,而过多的探索性活动又会使企业陷入"创新陷阱",路径依赖性使企业陷入"探索—失败—再探索—再失败"的恶性循环之中。相较于应用性学习,探索性学习在回报周期、空间距离等方面更为遥远、更为不确定,但有利于组织未来的收益,组织需要足够的探索性学习来"实现未来价值"[32]。

应用性学习获得的回报更为确定、周期更短、风险更小和路径依赖性等特点。因此,企业更偏爱挖掘已有的知识,即使在非常规与难以预测的组织环境中[196]。面对较为稳定的环境时,企业往往倾向于采取应用性学习来维持竞争优势。专注于自我封闭与重复利用现有经验的应用性学习,将使组织错失长期发展的良机,并陷入能力困境,丧失竞争优势[197]。应用性学习侧重于对现有技术(知识)的深化、拓展与提炼。在相对稳定的竞争环境下,企业选择重复先前成功的经验可能更有利于组织取得成功和竞争优势的保持[193]。但在企业熟悉的技术领域内学习虽有助于企业绩效的改善,却不利于获取组织外部经验,容易弱化获取新技术与新范式的动机与能力[32]。企业通过应用性学习在熟悉的技术领域内挖掘,所面临的不确定性也相对较小,常常能够带来正回报[4]。同样,应用性学习也具有累积性与路径依赖特性,伴随挖掘性活动能力的增强,组织将会更多的加强此类活动,从而提升企业应用性学习与探索性学习的机会成本[32]。换言之,应用性学习的累积与路径依赖特点使得企业更多的开展应用性学习活动,甚至有可能会拒绝探索性行为[198]。同样,应用性学习的累积与路径依赖易使企业陷入"能力陷阱",导致企业无法适应公司外部激烈的竞争环境。

因此,可以认为探索性学习更着眼于长远收益,应用性学习则更多地体现关注于企业的当前收益。企业开展组织学习时,不应只在探索性学习与应用性学习之间进行"非此即彼"的选择[191]。组织动态性能力的获取既要确保其能够实现当期收益,还要拥有变异能力,即通过应用性学习确保当期收益以及探索性学习获得变异能力[3]。组织应该充分运用探索性学习与应用性学习各自的特点,科学地平衡好两类组织学习活动,实现组织的生存以及获得可持续发展。

2.3　组织学习的内容与过程

组织学习的内容主要是组织内外部的知识(如先进的生产方式、管理理念、管理思想、管理制度、组织文化、卓越流程和技术知识等)。企业通过学习组织内外的知识来适应组织外界变化的环境。面对快速变化的外界环境,企业需要具有较强的学习能力才能够适应外部环境的变化。组织学习能力弱的企业只能在激烈的竞争中出局,如巨人集团、秦池集团和三株集团等。越来越多的企业为了在竞争中胜出,努力打造"学习型组织",实现了组织学习能力的迅速提升,从而能够获取更多、更有价值的知识,在竞争中占据有利地位。Senge(1990)[116]从系统层面着手,将组织学习看作是有机系统,指出个人与团队学习是组织学习的基础,团队与组织学习能力的提升是通过团队与组织中的员工持续努力改进,使得组织能够实现个体、团队与整个组织层次地全面发展,形成"学习—持续改善—构建竞争优势"良性发展。

Agris&Schon(1978)提出了组织学习过程模型,该模型认为:组织学习由发现(Discovery)、发明(Invention)、执行(Production)和推广(Generalization)4个阶段组成[199],具体如图2-2所示。Agris同时指出,企业要想取得学习上的成功,必须经过4个阶段:"发现"即能够捕捉企业成长过程中所面临的障碍或机会,如通过对外界环境的深入分析来推断企业所面临的机会和困难,并能够识别企业经营管理过程中存在的主要问题。"发明"即企业能够根据"发现"阶段所指出的主要问题,给出具体的解决思路与办法。而解决思路与办法的实施则在"执行"阶段,即转化成新的管理方法、生产方法或者激励机制等。为确保在组织生产过程中取得更好的效果,组织学习必须能够贯穿于组织中的所有部门,此时就进入了组织学习的第四个阶段"推广",成功地进行"推广",能够全面提升组织的学习水平[119]。

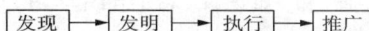

发现 ➡ 发明 ➡ 执行 ➡ 推广

图2-2　组织学习过程模型

资料来源:陈国权,马萌. 组织学习的过程模型研究[J]. 管理科学学报,2000,3(3).

Huber(1991)基于知识与信息流动的视角提出了组织学习的过程模型,将组织学习过程分为知识获取、信息散布、信息解释和组织记忆四个阶段,如图2-3所示[200]。知识获取是指通过对外界环境搜索获取对组织有价值的信息,包括组织自身或者其他组织的经验以及原组织中存储的知识。信息在组织成员之间进行共享,通过信息共享创造新知识以及深化对原有知识的认识,信息扩散的范围(含广度和深度)决定了组织学习的成效;获取的信息融入组织先前的知识体系中,将进一步提升组织学习的效果,并通过储存这一过程形成的新信息来实现组织学习过程的不间断[201]。Huber提出的组织学习过程四阶段模型为后续进一步研究奠定了较好的理论基础,并对实业界开展组织学习具有较大的指导意义;然而,不足的是该模型未能够考虑到组织学习不同层次的作用,缺乏对组织知识与信息在不同层次间(如个体、群体、组织等)转换的详细说明[202]。

图2-3 Huber组织学习四阶段模型

资料来源:刘伟. 组织学习能力与企业跨文化技术转移绩效研究[D]. 上海:东华大学,2015.

国内知名学者陈劲(1999)[203]基于组织内的三类学习构建了组织学习的过程模型,具体如图2-4所示。这三类学习分别为显性知识学习、过程学习(主要是通过学习企业经营过程中的知识与经验)和隐性知识学习(隐性知识常常较难获取,主要是与组织核心竞争能力密切相关,通常表现为企业员工之间的知识传授或者潜移默化学习)。

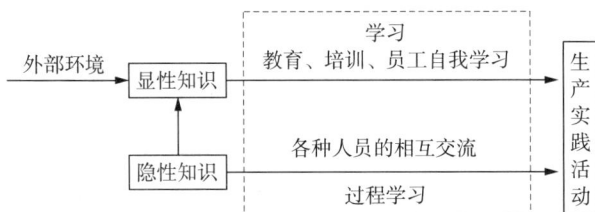

图2-4 基于三类组织学习方式的内部组织学习过程模型

资料来源:陈劲,王如富. 知识经济与企业核心能力的培养[J]. 中国软科学,1999(3).

国内组织学习领域知名学者陈国权教授,在Agris和Schon等人的组织学习过程模型的基础上给出了组织学习过程的"闭环模型",并进行了多次改进与完善,最终构建了组织学习过程的"6P1B"模型。陈国权和马萌认为,Agris和Schon提出的组织学习过程模型是直线过程模型,该模型存在以下两个方面的缺点,未能完整地体现组织学习的动态发展过程[131]:(1)直线过程模型缺少反馈环节,严格来说,缺少反馈环节的组织学习过程是不完整的,不能全面反映出对组织学习过程的再思考。(2)直线过程模型无法体现组织学习的螺旋式上升过程。基于上述两个方面的不足,陈国权在Agris和Schon直线模型基础上增加了"反馈""选择"和"知识库",即组织学习过程模型由6个"阶段"(6P:6PROCESSES)和1个"库"(1B:1KNOWLEDGE BASE)组成,简称6P1B模型[204],具体如图2-5所示。模型中增加了反馈环节使得组织学习过程形成闭环,有利于组织在学习过程中不断地进行反思和总结,有助于提升组织学习的效率与水平。在"发明"与"执行"

两个阶段之间加入"选择"这一过程,有利于组织在众多备选方案中选择更好的实施方案,做出更好的决策,从而使得组织能够更好的适应外部环境并取得较好地绩效。可见,改进了的组织学习过程模型能够更科学、更准确和更全面地反映组织学习的过程。此外,6P1B模型中还增加了"知识库",反映了组织学习各个过程产生的知识(或经验)均能够直接存储于组织的知识库中,有助于快速地实现组织中的知识积累。同时还能够根据组织学习过程中的各个环节的实际需要随时调用组织知识库中的知识,为组织学习螺旋式上升奠定了知识资源基础,也体现了组织学习的螺旋式上升过程[131]。

组织学习过程"6P1B"模型具有如下特点[204]:(1)组织学习是由6个阶段组成的闭环学习过程,充分反映了组织不断追求卓越、追求完美的实质。(2)模型中的知识库与学习过程中的6个阶段之间的交流,充分体现了组织学习的螺旋式上升的过程;同时模型还整合了当前学术界与企业界的两大热点问题:"组织学习"和"知识管理",该模型能够较好地反映了组织学习适应动态变化的组织内外部环境的过程。(3)该模型具有较好的适应性,"6P1B"模型中的6个阶段之间是单箭头,而各个阶段与知识库之间均是双箭头,由图可看出,大闭环套小闭环,能够有效地避免缺少某一环节而造成组织学习过程的中断,从而具有较好的环境适应能力。

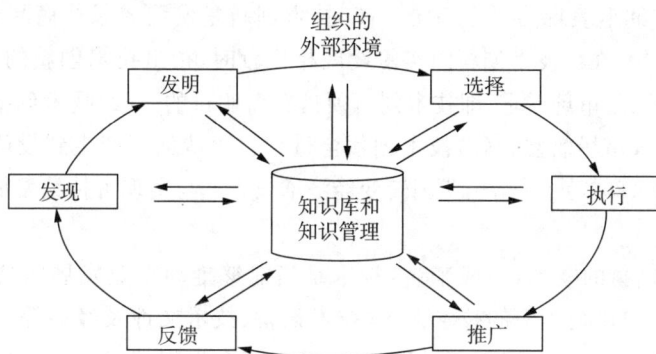

图2-5 组织学习过程"6P1B"模型

资料来源:陈国权.学习型组织的过程模型、本质特征和设计原则[J].中国管理科学,2002,10.

2.4 技术创新理论概述

2.4.1 技术创新的概念与研究概况

1942年熊彼特(Schumpeter)提出创新理论以来,创新问题逐渐受到各个国家政府高层、学术界与企业界等的广泛关注。Schumper(1950)[205]将技术创新界定为追逐利润且具备企业家精神的企业实现的,能够推动社会进步,并从两方面来分析技术创新:(1)技术创新有助于企业实现超额利润,促进技术与经济的发展。(2)技术创新能够导致行业洗牌,引发了经济周期性波动。索罗(Solow)在评论熊彼特创新理论时指出了创新成立的条件,即新思想来源与后期的实现发展。索罗对于技术创新概念界定被视为创新概念研究的里程碑[206]。曼斯菲尔德(Mansfield)将技术创新界定为发明的第一次应用。

而技术创新概念引入我国相对较晚,较多采用技术革命、技术革新和技术进步等概念[207]。国内创新领域知名学者傅家骥(2000)[208]将技术创新定义为:企业家通过把握潜在市场机遇,以赢取利润为目标,通过重组生产条件与要素,建立效能更佳、效率更高以及费用更省的组织经营系统,达到推出新产品、新方法、开辟新市场、获得新原料、获得半成品供给来源或建立新组织,它是涵盖科技、组织、商务与金融等活动的综合过程。学者叶明(1992)[209]在对技术创新概念辨析时,指出了技术创新与相关技术术语之间的关系,即发现是技术创新的基础,发明是技术创新的起点,创新是技术创新的实质,技术开发是技术创新的基本形态,技术革新与技术突破是技术创新的两级。通过对技术创新与相关术语之间的关系分析的基础上,给出了技术创新的定义:即以发明作为起点、技术开发为基本形态的创新活动,在技术变革与技术突破之间不断地变化[210]。董中保(1993)[207]指出技术创新是将科技成果转化成企业实际生产力,转变成商品的动态过程,并指出技术创新应包含以下3个方面的内容:(1)技术创新为科技和经济两者的结合,即技术创新不仅是技术本身的概念,还包含经济学方面的概念。(2)技术创新在时间上表现为一个过程,空间上表现为一个系统。(3)技术创新是发明成果往商品化逼近的过程。朱冬元等(1996)[211]在将技术创新同实验发展相比较时,指出技术创新的3个主要特点:(1)技术创新强调满足市场需求,即技术创新须具有商业目的。(2)技术创新的最终体现为新产品、新商品及其市场效益。(3)技术创新全过程包含从创意产生到投放市场的整个过程。学者孙敬水等(2007)[212]指出我国转变经济增长方式与实现可持续发展的关键在于技术创新。

而有关技术创新的概念,一般来讲,技术是指能够推动企业发展的技能、手段、方法及其任意综合,表现在企业中的技术人才、技术设备、技术文件及经验等。当组织中的新思想与非连续性技术经过一定时期发展到应用时,将会出现技术创新。技术创新既包括技术开发又包括技术应用阶段,反映了新生产方式从设想到应用的完整过程[213]。

当前,运用创新来驱动经济发展方式已成为加快经济发展的重要战略举措,处于影响国家发展全局的关键位置[214]。创新能够为经济发展与社会进步提供持续的发展动力,是企业培育核心竞争能力与实现可持续发展的重要法宝[215]。然而,技术创新领域的研究人员来自不同的领域,具体如管理学、经济学、政治学、人类学、心理学以及工业工程学等,不同领域的学者大多研究的视角不一样[216]。国内知名创新学者傅家骥、远德玉、陈昌曙、许庆瑞和陈劲等围绕技术创新主题开展了大量卓有成效的研究[210]。围绕技术创新这一重要课题,国内外学者取得的研究成果可谓是"汗牛充栋"。笔者以技术创新为篇名在中国知网中进行了文献检索,年均发表篇名中含技术创新的中文核心期刊文献数超过1000篇,而主题中出现技术创新的中文核心期刊文献数年均超过2000篇,对于研究文献梳理发现,技术创新研究呈现出关注度高、研究视角多以及研究成果丰硕等特点。限于篇幅,笔者仅围绕企业技术创新的动力、影响因素与技术创新过程等与本书相关性较高的内容进行简要介绍。

2.4.2　技术创新的动力

技术创新动力是指存在于创新系统的内部,对技术创新活动形成内驱力的诸要素之和[217]。武德昆等(2004)[217]指出,技术创新动力源于激烈的外部竞争需求、企业本身发展的需要以及对利润最大化的追求,在此基础上提出了技术创新动力过程模型如图2-6所示。通过技术创新,不仅能够提高企业自身的技术能力,而且能够在市场上占据主动地位,有利于扩大市场份额或进入新的市场领域,赢得竞争优势,从而能够实现企业盈利的目标。而盈利又是企业经营的主要目标之一,丰厚的创新利润将为企业技术创新活动提供源源不竭的动力。除了能够为企业带来丰厚的物质财富之外,技术创新的成功还能够给企业家和创新人员带来极大的精神愉悦,企业家和创新人员忘我地工作,不仅是为了自身能够过上体面的生活,而且能够在技术创新过程中施展自己的创新才能,从而建功立业和实现自我价值。

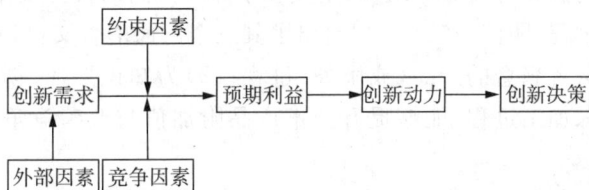

图2-6　技术创新的动力过程模型

资料来源:武德昆,柴丽俊,高俊山.企业技术创新动力的形成过程[J].北京科技大学学报,2004,26(3).

2.4.3　技术创新的影响因素

我国经济转型取得成功的关键在于转变经济发展方式,提高资源的使用效率,降低能耗,增加产品品种与提升产品质量,而这一切实现的根本途径是技术创新[212]。然而,要想实现高水平的技术创新,关键在于把握技术创新过程中的影响因素。影响技术创新的因素不仅数量众多,而且错综复杂,本书主要从技术创新管理视角梳理影响技术创新活动的主要因素。技术创新的主要影响因素有[212][218]:政府政策因素、制度因素、政治与文化因素、行业中企业数量与企业规模因素、创新资源情况因素、企业技术创新能力和技术创新管理水平因素等。

政府政策因素对技术创新活动的影响主要体现在:企业技术创新过程往往面临较大的风险与不确定性,当某一行业技术创新风险过大,企业将缺乏足够的动力开展技术创新活动,在这种情况下,若政府给予相应的创新政策支持,如对技术创新活动给予补贴或者设立创新专项支持基金,将会促进企业开展技术创新活动的积极性,降低企业独自承担技术创新活动所面临的风险,有利于增强企业开展技术创新活动的动力,以及提升企业的技术创新绩效。制度因素的影响主要体现在,若特定地区或者国家鼓励竞争,减少限制竞争性的政策,则将有助于推动企业的技术创新活动;反之,若出台限制竞争方面的政策,将不利于企业技术创新活动的开展。政治与文化因素对技术创新的影响体现在很多方面,如推崇个人英雄主义的文化有助于促进技术创新,而注重和谐、集体之上的文化往往不利于组织开展技术创新,同样政治开明有助于促进技术创新。行业中企业数量与企业规模同样影响企业技术创新活动,企业数量越多,竞争则越激烈,企业将会有更强的动力推动技术创新。企业规模越大,拥有的创新资源越丰富,同样有利于企业技术创新活动的开展。创新资源状况对于企业创新活动的影响体现在,企业创新资源越丰富,进行技术创新活动将有更好的创新资源条件来支撑和保障。企业的技术创新能力越强、技术创新管理水平越高,其技术创新绩效往往也越好。

2.4.4　技术创新过程

吴晓波(1991)[219]指出,虽然人们对技术创新过程因研究视角差异而较难达成共识,但对于研究技术创新过程的目的,人们已经形成共识——即深入研究技术创新过程的根本目的在于正确的揭示和有效运用组织、企业和个体在其间的行为规律。

关于技术创新过程,顾江(2001)[220]给出了其三个层面的含义:(1)实现组织知识、技能与物质转化为消费者满意的产品(或服务)过程;(2)为知识形成、创造与使用的过程;(3)是组织信息交流、加工过程,能够提升技术产品附加值与改善竞争能力的过程,为关键资源成长的过程。

从 20 世纪 60 年代起陆续出现了第 5 代技术创新过程模型,依次为技术推动创新过程模型、需求拉动创新过程模型、技术与市场交互创新过程模型、一体化的创新过程模型和系统集成及网络模式[220-223]。Rothwell 等(1994)[222]将前 4 代技术创新过程模型称为传统创新过程模式。为应对更为复杂的组织外部创新环境,第五代创新过程模式——系统集成及网络模式应运而生[221]。下面简要介绍这 5 代技术创新过程模型。

(1)技术推动创新过程模型[224]。早期的技术创新,大多数都是基于当时出现的科技成果,即技术创新始于基础研究,终于满足销售(即满足市场需求),如图 2-7 所示。

图 2-7　技术推动创新过程模型

资料来源:Cantisani A. Technological innovation processes revisited[J]. Technovation,2006,(26).

(2)需求拉动的创新过程模型[225]。该模型认为市场需求是企业创新之源,市场需求为企业提供了创造新产品或者新服务的机会,而由市场需求拉动的技术创新,大多是属于风险相对较小的渐进性创新,有利于短期内提升企业的业绩,如图 2-8 所示。

图 2-8　需求拉动的创新过程模型

资料来源:Rothwell R. Industrial Innovation:Success,Strategy,Trends. in:Dodgson[J]. The Handbook of Industrial Innovation,1995.

（3）技术与市场交互的创新过程模型[220]。该模型强调技术创新源于市场与技术的共同作用,而技术推动型技术创新与需求拉动型技术创新均为技术与市场交互创新过程模型中的特例,如图2-9所示。

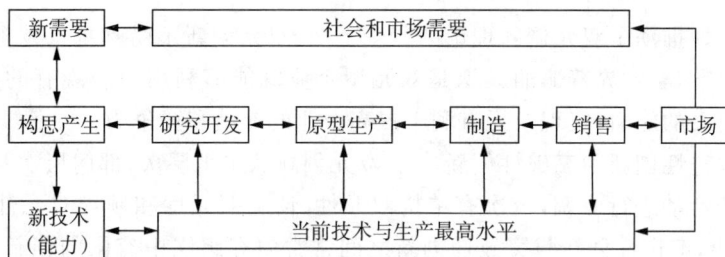

图2-9　技术与市场交互的创新过程模型

资料来源:顾江.技术创新:过程与扩散分析[J].江苏社会科学,2001,(03):57-59.

（4）一体化的创新过程模型[220]。该创新过程模型充分体现了"并行工程"的思想,有利于大大缩短企业技术创新活动的周期,能够快速地向目标市场提供技术创新产品,有助于企业更好地适应组织外部环境和参与市场竞争,如图2-10所示。

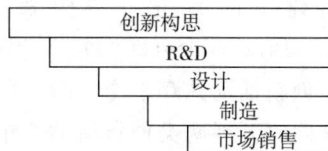

图2-10　一体化的创新过程模型

资料来源:顾江.技术创新:过程与扩散分析[J].江苏社会科学,2001,(03):57-59.

（5）系统集成及网络模型。作为第五代创新过程新模型[226],如图2-11所示。与前4代模型相比,主要变化体现在以下3个方面[221]:①创新网络中的所有参与成员均处于重要地位;②信息化的重要性日益凸显;③突出了人力资源管理的重要作用。

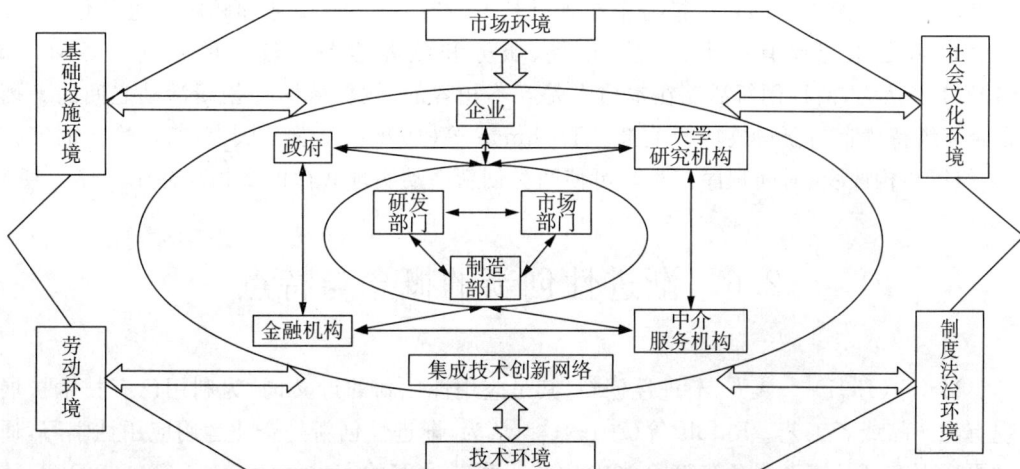

图2-11　系统集成及网络模型

资料来源:吴贵春.技术创新管理[M].北京:清华大学出版社,2011.

2.5　双元创新的概念、内涵与构成维度

　　组织双元性推动了双元创新理论的产生[10]。双元创新正受到越来越多创新领域学者的关注。当前,学术界普遍的共识是双元型企业既能够利用组织现有的能力,又能够拥有探索新机会的能力,实现双元有利于提高企业的业绩和竞争力[4]。双元创新是指企业同时开展渐进性创新和突破性创新[4]。双元创新从组织层次、部门层次与个人层次对两类技术创新活动进行协调,依次有结构双元性、情境双元性和领导双元性[37]。March(1991)[4]指出,渐进性创新与突破性创新之间常常争夺组织中有限的创新资源,企业往往较难有效地协调好两类技术创新活动。Tushman&O'Reilly(1996)[10]指出,可以通过结构双元性来协调这两类技术创新活动,即考虑到渐进性创新与突破性创新在活动流程、文化、惯例等方面均存在显著差异,同时实施两类技术创新活动的难度非常大,因此需要组建不同的组织结构来分别实施两类创新活动。与结构双元性不同,Gibson&Birkinshaw(2004)[227]提出了情境双元性的概念,情境双元性源于现实中存在的两类创新活动共存于同一组织单元之中,即通过在同一业务部门内部构建适当的组织情境来同时开展两类创新活动。情境双元性与结构双元性的主要区别在于面对探索与利用方面的矛盾,采取一体化处理方式,还是采取差异化处理方式。结构双元性通过构建两种不同类型的组织结构来分别处理两类创新活动,而情境双元性则采取一体化地处理方式,通过设计科学的机制,使得组织在同一业务部门能够同时处理两类创新活动。领导双元性是在个人层次上(主要指管理者)探讨同时实施探索与利用活动的可能性,指管理者在特定时期内整合与平衡两类创新活动的行为倾向[37]。

　　由双元创新的定义可以看出,其由渐进性创新与突破性创新两个维度组成。渐进性创新和突破性创新是依据技术创新与当前的技术、产品、市场、服务和顾客之间的关系进行界定的[4]。渐进性创新是指与企业现有技术、产品、市场、服务和顾客接近的创新;突破性创新是指与现有技术、产品、市场、服务和顾客等差异较大的创新[4]。March(1991)[4]认为,两种创新活动在本质上是互不相容的,故保持两种创新活动之间的平衡是企业维持生存与获得成功的关键。Tushman等(1996)[10]学者认为,通过恰当的安排(如组织结构改变、时间顺序调整),可使两类创新活动实现共存以及相互补充。

2.6　渐进性创新的概念与特点

　　March(1991)[4]认为,渐进性创新(其是应用性创新的近义词)为利用已有技术扩展现有的产品或者工艺。Rafols等(2010)[228]认为,渐进性创新是企业运用应用性学习,通过更新现有产品或者服务来迎合当前主流市场或顾客的需求。Qingcao等(2009)[31]认为渐进性创新倾向于通过改进当前产品质量和增加其价值来满足现有顾客的需要。渐进性创新专注于产品质量的持续改进,不断扩展企业现有产品或服务,满足当前市场需

求和客户需要。在知识应用方面,渐进性创新侧重于现有知识组合与改进[229]。焦豪(2011)[34]指出,渐进性创新以企业拥有的技术能力与知识储备为基础,侧重于完善已有技术与知识,实现当前产品或服务水平的提升,为现有顾客提供优质服务。张洪石等(2005)[230]认为,渐进性创新是沿着现有技术轨道和顾客需求进行创新,因而能够更好地满足消费者的需要,比如对于胶卷技术本身性能方面的改善,不管其性能提升幅度有多大,只要是仍沿先前的技术轨道而进行的创新,就只能属于渐进性创新。从行业层面来看,渐进性创新是在主流技术轨道上改进,从而有利于更好地满足现有主流市场的需要。如英特尔微处理器,通过研发人员的辛勤努力,让其运行地更快,从而更好地满足现有市场的需求,同样是仍属于渐进性创新[230]。

与突破性创新相比,渐进性创新具有投入较少、开发周期较短以及创新面临的风险较小等特点。许多企业在稳定环境下,倾向于采取渐进性创新。渐进性创新通常相对于已有产品变化较小,有利于企业充分挖掘现有技术,强化市场中成熟企业的技术领先优势。企业开展渐进性创新面临较低的创新风险,还能够获得较为可观的收益,有利于企业短期内迅速提升创新绩效。侧重于渐进性创新的企业能够充分扩展组织能力,降低经营成本和提高经营效率,提升企业的竞争能力,但也容易造成企业短视,不利于新知识与新技术的学习[231]。此外,与突破性创新相比,渐进性创新能够更有效地满足当前顾客和市场,相对来说,更容易为竞争对手模仿和替代[12]。

2.7　突破性创新的概念与特点

张洪石等(2005)[230]指出:突破性创新(其是探索性创新的近义词)的界定并非取决于企业技术创新实施的难度,而是取决于技术创新活动是否偏离了企业原先的技术轨道。突破性创新不仅表现在企业产品(或工艺)有较大幅度的改善,还体现在它能够改变市场上主流技术创新的范式,并能够改写市场竞争规则。March(1991)[4]认为,突破性创新为创新过程中出现新产品、新工艺或者两者的结合,焦豪(2011)[34]认为突破性创新侧重于新知识的探求和发现。QingCao等(2009)[31]认为突破性创新(与渐进性创新相比)更善于开拓新市场,赢取更大的市场份额,并能够获得更为持久的高额回报。突破性创新是指与主流市场或主流技术距离大,甚至完全偏离当前的技术创新轨道。与渐进性创新相比,突破性创新有助于企业获得更好的市场地位[232]。

学术界普遍共识是:突破性创新是企业的技术创新采用有别于先前的科学技术,有可能会引起整个产业的重新洗牌。与渐进性创新相比,突破性性创新需在更大的范围内搜索与获取组织外部知识、技术和市场趋势[74]。侧重于突破性创新的企业,有利于提升企业获取外部新知识的能力以及培育新能力,提升适应外部环境的能力,同时将会面临更大的投入、更大的风险。然而,过多的突破性创新容易导致产生的新知识与现有知识(或技术)之间差距过大,从而不利于组织充分有效地吸收新知识,从而对企业绩效产生消极作用[124]。在知识经济时代,企业所蕴含的创新知识资源是企业持续竞争优势的重要源泉,突破性创新是企业创造新知识、培育新能力的根本途径之一。有效的突破性创新不但可以通过改变企业技术演进轨迹和组织能力来颠覆市场和技术竞争格局[233]，而且可以使企业在产品性能、成本和功能等方面取得显著提高，使他们在激烈的竞争中占据更为有利的地位。此外，突破性性创新还被视为企业快速成长与成功的引擎[234-235]。目前，一些企业高管的关注焦点和资源配置重点已逐渐从渐进性创新转向突破性创新[236]。随着科技进步的加快，产品的寿命周期将大大缩短，只有通过有效的突破性创新，企业才能在激烈的市场竞争中获得更快更好的发展[237]。

与渐进性创新相比，突破性创新具有如下特点：非连续、影响面广、风险大、投入大和周期长等特点。在知识利用方面，突破性创新侧重于重构组织知识基础[238]。著名创新管理学者许庆瑞院士认为，突破性创新虽不常出现，却能够引起整个产业的技术变革，并且很难准确预测其出现的时间。突破性创新常常能够导致企业知识基础或整个市场竞争基础的重大改变。突破性创新能够极大地破坏当前产业及其改变技术范式，催生新兴产业，能够对整个社会产生极其深远的影响[239-240]。突破性创新通过寻求新知识来开发新产品和服务满足全新的市场与顾客的需求[3]。突破性创新能够有助于企业形成新的利润增长点并为进入全新市场奠定坚实的基础，故与渐进性创新相比，突破性创新对于企业绩效的贡献更具长远性[241]。O'Reilly等(2013)[13]指出，突破性创新从本质上来说是低效率的，还不可避免地伴随着失败创意数量的增加，若缺乏对于突破性创新的持续投入，面对动态的外部竞争环境，企业很有可能面临失败。相较于渐进性创新，企业实施突破性创新的周期往往更长，但却可能获得更大的回报并有助于企业长期竞争优势的培育[4]。

张洪石等(2005)[230]认为，从企业层次来看，突破性创新不一定是难度非常大的创新，主要特点在于：(1)创新不在原有的性能改进轨道上；(2)突破性创新产品可能不符合现有消费者的需求，其目标在于服务于新市场与新用户，如胶卷技术转向数码技术，刚开始胶卷技术仍能够保持市场绝对领先的优势，后来市场逐渐为数码技术所占据，最终导致胶卷技术在激烈的市场竞争中落败。

张洪石等(2005)[230]认为，从产业层次来看，突破性创新具有两大显著的特点：(1)产品可能暂时不符合主流市场消费者的需求，但存在重视其某一方面属性(不同于现有产品)的市场；(2)受部分客户重视的新产品属性将使新产品在市场竞争中占据有利位置。

2.8　双元创新的平衡性与互补性

March(1991)[4]提出双元概念时，就指出两类创新之间存在相互争夺组织创新资源及需要不同的创新管理模式，这意味着组织需要科学地平衡两类创新。换言之，组织双元性在很大程度上涉及对两类创新平衡性的管理。基于渐进性创新和突破性创新需要不同的组织结构这一观点，有学者指出，为了实现企业长期生存，组织需要兼顾两类创新[13]。赵洁等(2012)[53]认为，双元创新理应包含平衡维度与互补维度，这两个维度分别反映了双元创新的两个方面，即双元创新平衡性与双元创新互补性。双元创新平衡性是企业在开展两类创新活动时,保持渐进性创新和突破性创新两者的均衡发展,即不偏重于任何一类创新活动。由于双元创新平衡性是反映两类创新之间均衡发展的程度,据此可以推断,即使企业中的渐进性创新和突破性创新均处于较低水平,只要两类创新发展水平相差不大,就可以认为双元创新的平衡性较好。QingCao 等(2009)[31]、He 等(2004)[33]指出,双元创新平衡性指企业能够同时追求渐进性创新与突破性创新,即企业同时开展较高水平的渐进性创新和突破性创新。而双元创新平衡性较差通常是由于企业过于偏重于某一种类型的创新,导致两类创新之间的失衡,如企业过度关注突破性创新而忽视渐进性创新或者过度关注渐进性创新而忽视突破性创新[31][33][231]。而双元创新互补性反映的是企业两种创新活动之间的相互促进和相辅相成[31][33]。QingCao 等(2009)[31]认为,双元创新理应包含双元创新平衡性与双元创新互补性,双元创新平衡性与双元创新互补性之间既相对独立,又能够产生协同效应,同时指出双元创新平衡性对于创新资源受到限制的企业而言是有益的,而双元创新互补性对于能够较好地获得组织内外部资源的企业更有益。对于企业管理人员来说,当企业资源有限时,应该通过注重两类创新之间的平衡来获益;对于能够从组织外部获得丰富的创新资源的企业而言,同时开展两类创新,实现高水平的双元创新是完全有可能的,同时也有益的[27]。QingCao 等(2009)[31]提出双元创新互补性由两类创新乘积来进行测度。

2.9 协同理论及双元创新协同性

2.9.1 协同理论

"协同"一词最早源于 20 世纪 70 年代,由德国物理学家哈肯率先提出,随后受到学术界广泛关注,并被广泛应用于各种复杂的开放系统。之后,哈肯对协同理论进行了全面系统地阐述,最终形成了协同学科的基本理论框架(如图 2-12 所示),并称之为"协同论",之所以命名为"协同论",主要基于以下 2 个方面考虑[242]:(1)研究对象涉及诸多要素(或子系统)的联结配合;(2)体现了不同学科之间的横向合作。哈肯认为协同是指系统要素之间能够相互协作,形成单个个体所不具备的系统整体性质及特征[243]。协同理论主要含协同效应、伺服原理与自组织原理。而协同效应指系统内部的各个要素(或子系统)之间能够相互作用,共同促进系统向稳定状态演化。伺服原理类似于经典的"木桶理论",指出系统虽由若干要素组成,但并非每个组成要素在系统中发挥同等作用,在推动或阻碍系统运行过程中真正起决定性作用的通常是慢变量(或序参量),即慢变量(或序参量)在系统演化发展过程中发挥了关键作用,其他要素(或参量)须服从序参量的支配[244]。协同理论中的自组织原理,指出系统是处于开放、复杂的系统,而并非处于孤立的系统,即系统均要参与外界环境的物质、信息以及能量等方面的交换,以促进系统实现可持续发展。刘伟忠(2012)[245]研究协同理论时全面分析了协同与竞争两者之间的关系,指出两者均为系统持续演进提供了动力,协同与竞争两者之间通过相互协作推动了系统实现稳态,就两者之间的关系而言,竞争是实现协同的基础,能够为系统演化提供动力,并且竞争活动贯穿于系统的全过程,协同为竞争作用范围的延伸。竞争与协同之间的关系原理可以描述为竞争使得系统处于非平衡状态,能够触发系统的自组织行为,使系统向平衡状态发展,能够产生协同效应[245]。而协同效应表明了系统内部各要素之间能够相互作用、促进和制约,并能够产生"1+1>2"的协同效果。

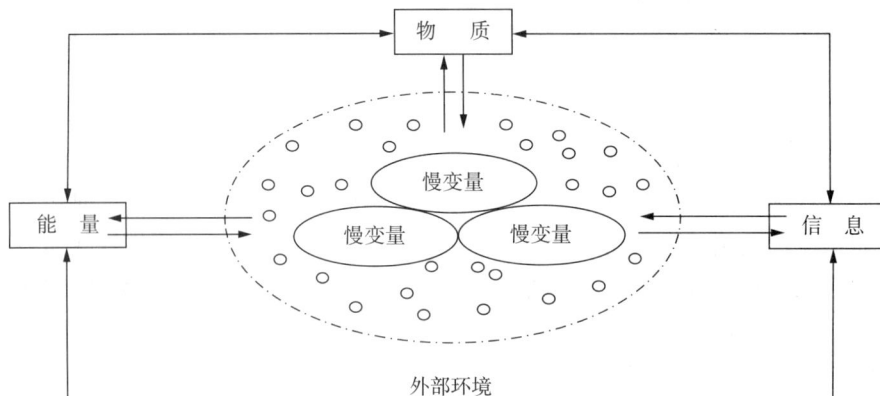

图 2-12 协同理论框架模型

资料来源:梁亚娟. 基于协同理论的产业集群升级战略研究
——以石佛寺玉雕产业集群为例[D]. 郑州:河南大学,2015.

2.9.2 双元创新协同性理论

协同论告诉我们,协同是指元素对元素的相干能力,表现了元素在整体发展运行过程中协调与合作的性质[246]。换言之,两种元素或事物之间的协同性取决于两者之间的匹配程度(匹配性或平衡性)与互补程度(互补性)。因此,考虑到突破性创新与渐进性创新之间存在既相互竞争又相互促进的关系,依据协同性理论,渐进性创新与突破性创新之间的协同性取决于两类创新之间的匹配程度与互补程度,即双元创新平衡性与双元创新互补性,将双元创新平衡性与双元创新互补性这两个变量整合为一个全新变量:双元创新协同性。顾名思义,双元创新协同性是一个用来衡量企业两种创新(渐进性创新和突破性创新)活动之间协同程度的综合变量,它由双元创新平衡性和双元创新互补性两个维度组成。在双元创新协同性好的企业里,两种创新既能够相互平衡又能够实现彼此互补,正所谓"相辅相成""相得益彰"。

事实上,在已有的文献中,仅有寥寥数篇[31][53]涉及双元创新平衡性与双元创新互补性及其后果变量。例如,QingCao 等(2009)[31]对双元创新平衡性和双元创新互补性问题进行了系统地理论分析与实证研究,认为双元创新平衡性对资源受限的企业来说是有益的,双元创新互补性对易于获取组织内外资源的企业是有益的。然而,对实施双元创新的企业来说,双元创新的平衡性与双元创新互补性是两个非常重要的研究变量(或测量指标)。有关研究[31]已经表明:双元创新平衡性、双元创新互补性均与企业创新绩效显著正相关。换言之,双元创新的平衡性(水平)与双元创新互补性(水平)在很大程度上决定着企业实施双元创新的绩效乃至成败。而双元创新协同性由双元创新平衡性与双元创新互补性组成,可以推断双元创新协同性必然与企业创新绩效显著正相关。因此,研究双元创新协同性及其影响因素(前因变量)具有重要的理论价值与实践意义。

2.9.3　双元创新协同性测度

双元创新协同性测度是通过对渐进性创新和突破性创新测量基础上计算得到。QingCao 等(2009)[31]、He 等(2004)[33],以李克特 7 点量表测量两类创新时,采用 7 减去两类创新测量数值差的绝对值来测量双元创新平衡性。用两类创新测量数值相乘测量双元创新互补性。奚雷等(2016)[38-40]将双元创新平衡性和双元创新互补性整合成双元创新协同性,即双元创新协同性由双元创新平衡性和双元创新互补性共同测度[30][36]。为便于说明双元创新协同性测量过程,渐进性创新与突破性创新的测量问项均是采用李克特 7 点量表进行测量。下面简要说明双元创新协同性的测量方法。由于双元创新协同性由双元创新平衡性和双元创新互补性 2 个维度组成。因此,双元创新协同性理应通过双元创新平衡性和双元创新互补性这 2 个维度进行测量。双元创新平衡性测量在对两类创新测量的基础上,根据学者 QingCao 等(2009)[31]、He&Wong(2004)[33]的研究,双元创新平衡性测量采用两类创新测量数值差的绝对值进行衡量,即双元创新平衡性测量数值=|突破性创新测量数值-渐进性创新测量数值|,由于该指标数值越小,反映了渐进性创新与突破性创新之间的测量数值越接近,从而表明双元创新平衡性水平越好,同时,也表明了该指标为反向指标,即指标得分越小双元创新平衡性水平越好。考虑到渐进性创新、突破性创新均采用李克特 7 点量表进行测量,因此,采用 7 减去该数值来测量双元创新平衡性,即双元创新平衡性测量数值=7-|突破性创新测量数值-渐进性创新测量数值|,从而实现了双元创新平衡性测量指标的正向化转换。由双元创新平衡性测量数值=7-|突破性创新测量数值-渐进性创新测量数值|,可知,双元创新平衡性测量值范围为[0,7],则该数值越接近 7,即|突破性创新测量数值-渐进性创新测量数值|的值越接近于 0,渐进性创新与突破性创新测量数值越接近,从而企业的双元创新平衡性水平越好。双元创新互补性用两类创新(测量数值)的乘积进行测量[30][36],即双元创新互补性测量数值=渐进性创新测量数值×突破性创新测量数值,由该双元创新互补性计算方法可知,双元创新互补性取值范围为[0,49],且数值越大,双元创新互补性越好。

考虑到双元创新平衡性维度和双元创新互补性维度两者计算方法不同,双元创新平衡性采用减法运算,双元创新互补性采用乘法运算,因此两个变量量纲间存在差异,并不能简单直接求和来测量双元创新协同性变量,如上述计算方法双元创新平衡性范围[0,7],双元创新互补性范围[0,49]。因此,不能直接通过双元创新平衡性与双元创新互补性的上述测量值直接求和来计算双元创新协同性。为此,笔者给出如下的双元创新协同性测量方法:首先对双元创新平衡性和双元创新互补性分别做无量纲化处理,具体处理如下:双元创新平衡性数值用双元创新平衡维度值除以 7 所得数值作为该维度的测量值(上述转化后,双元创新平衡性测量数值取值范围分布在 0 到 1 之间,测量数值为 1 代表最理想的双元创新平衡水平,测量数值为 0 代表最不理想的双元创新平衡水平);考虑到双元创新互补性维度为两类创新测量值之积,通过消除量纲后的两类创新测量值乘积进行测度,这里将(渐进性创新/7)×(突破性创新/7)作为双元创新互补性的测量值(上述转化后,双元创新互补性测量数值取值范围分布也在 0 到 1 之间,测量数值为 1 代表最理想的双元创新互补水平,测量数值为 0 代表最差的双元创新互补水平)。为简化研究问题,笔者将构成双元创新协同性的两个维度视作同等重要,即双元创新平衡性与双元创新互补性两个维度权重分别取值 0.5。换言之,双元创新协同性为经过上述方法处理后的双元创新平衡性维度与双元创新互补性维度的平均值。下文对双元创新协同性测度采取双元创新平衡性测量值和双元创新互补性测量值之和的平均值,即双元创新平衡性与双元创新互补性权重均取 0.5 作简要说明。

既然双元创新协同性是由双元创新平衡性与双元创新互补性 2 个维度组成,故双元创新协同性的水平取决于双元创新平衡性的水平与双元创新互补性的水平,由上述双元创新协同性计算过程可知,双元创新协同性是双元创新平衡性与双元创新互补性的线性函数。本书之所以采用将双元创新协同性视为双元创新平衡性和双元创新互补性的线性函数,主要基于以下 3 个方面的因素考虑:(1)双元创新协同性由双元创新平衡性和双元创新互补性 2 个维度组成,而双元创新平衡性与双元创新互补性分别反映了双元创新的两个方面,即相互平衡和相互促进,学者 QingCao 等(2009)[31]亦指出双元创新包含双元创新平衡性与双元创新互补性,并将其视为同等重要的两个独立的变量进行研究。(2)学术界就双元创新的计算尚未统一,目前主要有四种方法[247],双元创新平衡性、双元创新互补性也有不同的计算方式,因此,采取线性函数计算双元创新协同性有助于进一步简化问题。(3)就上述计算过程而言,双元创新协同性为双元创新平衡性与双元创新互补性的线性函数,而双元创新互补性本身就涉及渐进性创新与突破性创新乘积来表示,即双元创新协同性对于渐进性创新与突破性创新而言,计算过程则属于非线性。事实上,构建非线性函数测量双元创新协同性问题,虽更符合双元创新协同性实际情况,但模型构建相对复杂,加上科学界定双元创新平衡性、双元创新互补性的权重问题复杂、难度大,将其视为双元创新平衡性与双元创新互补性的线性函数目的在于简化研究问题。基于此,本研究将双元创新平衡性和双元创新互补性视为同等重要,即权重相等,双元创新协同性计算公式如下,即:DIS(双元创新协同性)$=x\times DIB$(双元创新平衡性)$+y\times DIC$(双元创新互补性)。上式中的系数 x 和 y 分别表示对于双元创新协同性而言,双元创新平衡性与双元创新互补性的相对重要性,即双元创新平衡性与双元创新互补性的权重。一方面双元创新平衡性、双元创新互补性在已有的学术文献中均作为两个独立的研究变量,另一方面双元创新平衡性与双元创新互补性分别反映了双元创新的两个方面,即平衡与互补,而对双元创新协同性而言,既包含双元创新平衡性又包含双元创新互补性,故为简化问题,将双元创新平衡性、双元创新互补性视为同等重要的。因此,x 和 y 应该相等,都为 0.5。所以,双元创新协同性测量值$=0.5\times$(双元创新平衡性测量值$+$双元创新互补性测量值)。

2.9.4 双元创新协同性测度的重要意义

为了便于更好地说明双元创新协同性测度的重要意义,笔者先通过2个具体例子作简要说明。具体如下:采用 $A(a,b)$ 来表示双元创新水平,其中 a 表示渐进性创新(水平), b 表示突破性创新(水平),两类创新均采用李克特7点测量题项进行测量。如渐进性创新测量值为1,突破性创新测量值为1,此时的双元创新采用 $A(1,1)$ 来表示,根据双元创新平衡性测量数值=｛7－|突破性创新测量数值－渐进性创新测量数值|｝/7,可知双元创新平衡性为1,即双元创新平衡性处于最理想的状态,两类创新发展是完全均衡的。同样,若企业双元创新表示为 $A(6,6)$,即渐进性创新测量数值取6,突破性创新测量数值也取6,此时,双元创新平衡性水平仍为1,同样处于最理想的状态。从双元创新平衡性来看,易于得出 $A(1,1)$ 与 $A(6,6)$ 是等同的,然而就 $A(1,1)$ 与 $A(6,6)$ 相比,虽然双元创新平衡性水平是相同的,但很明显 $A(6,6)$ 处于较高水平的双元创新,即“双高”,而 $A(1,1)$ 是两类创新处于较低水平的双元创新,即“双低”。显然,不难发现,就双元创新整体水平而言, $A(6,6)$ 比 $A(1,1)$ 的双元创新水平要高。故双元创新平衡性水平高既可能表现为两类创新均处于较高水平的双元创新平衡,如 $A(6,6)$,也可能表现为两类创新均处于较低水平的双元创新平衡,如 $A(1,1)$ 。然而,对于 $A(1,1)$ 和 $A(6,5)$ 这两种水平的双元创新情况,若仅仅从双元创新平衡性水平来看, $A(6,5)$ 的双元创新平衡性为0.86,不如 $A(1,1)$ 的双元创新平衡性好。然后仅就双元创新平衡水平做出判断认为 $A(6,5)$ 的双元性不如 $A(1,1)$,显然,既不够全面,也不够科学。即仅就双元创新平衡性对双元创新水平(或者优劣)进行评判是存在明显局限性的,由 $A(1,1)$ 可知,虽然两类创新之间能够实现完全均衡地发展,但是两类创新处于较低水平的均衡。据此,为了更为全面科学地衡量企业的双元创新水平,引入了“双元创新互补性”这一维度。双元创新互补性反映了两类创新的相互促进,根据学者 QingCao (2009)[31] 的研究,采用两类创新的乘积测量双元创新互补性。根据双元创新互补性=｛渐进性创新×突破性创新｝/49, $A(1,1)$ 的双元创新互补性水平为0.02, $A(6,5)$ 的双元创新互补性水平为0.61,显然,就双元创新互补性来看, $A(1,1)$ 远不及 $A(6,5)$ 。由此易见,双元创新平衡性与双元创新互补性均仅反映了企业双元创新的一个方面。据此,笔者认为双元创新必然包含双元创新平衡性与双元创新互补性两个方面,为了与双元创新的概念区分开来,将此时的双元创新称为“双元创新协同性”,即双元创新协同性含双元创新平衡性与双元创新互补性。那么双元创新协同性好的企业,意味着企业两类创新之间不仅能够较好的平衡,还能够较好的互补。据此,笔者认为同双元创新平衡性、双元创新互补性相比,双元创新协同性能够更好、更全面地反映企业的双元创新水平。就 $A(1,1)$ 与 $A(6,5)$ 而言,前者双元创新平衡性好于后者,但后者的双元创新互补性好于前者。因此,笔者认为对于双元创新问题来讲,仅从双元创新平衡性或者双元创新互补性单一方面来进行评判,均具有明显的局限性。而双元创新协同性同时兼顾了双元创新平衡性和双元创新互补性两个方面,所以能够更加全面和客观地反映两类创新之间的匹配程度。下面分别计算上述两种情况下的双元创新协同性:

$A(1,1)$的双元创新协同性为 0.51，而 $A(6,5)$的双元创新协同性为 0.74，显然，从双元创新协同性水平来看，$A(6,5)$明显高于 $A(1,1)$。

为不失一般性，现采用 $A(a_1,b_1)$、$A(a_2,b_2)$表示企业的两种双元创新水平情况，其中 a_1、a_2表示渐进性创新（水平），b_1、b_2表示突破性创新（水平），依据上述计算方法分别计算双元创新协同性水平，即双元创新协同水平分别为：

$$\frac{1}{2} \times \left[\frac{a_1 \times b_1}{49} + \frac{7 - |a_1 - b_1|}{7} \right], \frac{1}{2} \times \left[\frac{a_2 * b_2}{49} + \frac{7 - |a_2 - b_2|}{7} \right]$$

显然，由双元创新协同性的计算过程易知，双元创新协同好的企业不仅能够实现两类创新较好地平衡，还能够实现两类创新较好地互补。换言之，与双元创新平衡性和双元创新互补性相比，双元创新协同性能够更为全面科学地衡量企业双元创新的状况或水平。当然，上述具体例子能够更直观地表明了双元创新协同性测度的重要意义。

2.10 组织学习对企业技术创新的影响

组织学习理论指出，与竞争对手相比，企业赢得未来竞争优势的关键在于知识资源和更快的学习能力。在知识经济时代，组织所蕴含的知识是企业持续竞争优势的重要源泉，技术创新是企业创造新知识、培养新能力的重要途径。当前，就组织学习与企业技术创新两者之间的关系研究来看，学术界普遍认为，通过组织学习获得的知识（或技术）资源能够为企业技术创新活动的开展奠定基础，即组织学习能够促进企业技术创新。学者高媛等（2012）[248]指出：组织学习是技术创新的前因，技术创新是组织学习的后果。将创新视为结果，源于新技术与旧技术的融合，并取决于两者之间的融合能力[190]。

学者许晖等（2013）[183]认为，组织学习是过程，技术创新是结果。组织学习能够优化、整合企业内部的知识与能力，从而更好地发挥知识资源的价值，促进企业实现高质量的发展[136]。企业技术创新活动所涉及的新产品开发、新技术消化、吸收和应用等过程，而这一系列活动的开展均离不开组织学习，技术创新正是在这一系列活动与组织学习过程中实现的[249]。曾萍（2011）[128]指出：组织学习为企业创新活动的基础与前提。彼得·圣吉（1990）[116]指出，伴随组织学习活动的开展，企业内部将进行更为充分的知识分享，不论是获取新知识还是对现有知识的挖掘、利用和整合均有利于提升企业的技术创新能力。阿吉瑞斯和舍恩（1978）[250]认为，企业技术创新成功的概率与组织学习能力之间成正相关关系，即组织学习能力越强，企业技术创新成功概率越大。谢洪明等（2005）[251]指出，组织学习能够促进企业技术创新，是提升自身竞争优势与组织绩效的重要途径。笔者认为：组织学习能够有利于企业消化、吸收、转移、利用和整合组织内外部创新知识资源，提高组织知识利用的效率和水平，从而为企业技术创新活动的开展提供丰富的创新知识（技术）源，促进企业技术创新活动的开展。

2.11 本章小结

本章首先介绍了组织学习(含探索性学习与应用性学习)的概念、内涵与类型、接着介绍了组织学习的内容与过程,然后介绍了技术创新理论概述(主要围绕技术创新概念与研究概况、技术创新的动力、技术创新的影响因素以及技术创新过程等问题展开),再介绍了双元创新(含渐进性创新与突破性创新)的概念、内涵、特点、构成、双元创新平衡性和双元创新互补性,在此基础上介绍了协同理论、双元创新协同性理论、测度及重要性分析等内容,最后部分简要介绍了组织学习对企业技术创新的影响。

第三章　组织学习影响企业
双元创新协同性的理论研究

本章在第 1 章和第 2 章基础上,对组织学习(含探索性学习与应用性学习两个维度)、知识积累、环境动态性、环境竞争性和双元创新协同性(含双元创新平衡性、双元创新互补性两个维度)之间的关系进行全面的理论分析,提出了相应的研究假设和关系(或概念)模型,从而为后面的实证研究奠定了理论基础。

3.1　组织学习对企业双元创新协同性的影响

3.1.1　组织学习和企业双元创新协同性的关系分析与研究假设

知识经济时代,知识成为企业在竞争中制胜最为重要的战略性资源,而组织学习与技术创新又是企业获取与创造知识的重要途径。当前,产品更新换代加速,企业(尤其是高新技术企业)将会面临巨大挑战与机遇。只有拥有持续竞争优势的企业才能够在激烈的竞争过程中取胜,而组织学习与技术创新又是企业提升持续竞争优势的重要来源。研究指出推动企业技术创新的知识资源既可能来源于组织内部的其他个人,也可能来源于其他组织,例如高校、研究机构和其他企业等[12],而组织学习能够为企业获取此类知识资源提供了理想的途径。与企业技术创新活动直接相关的过程,如产品开发、技术引进和技术应用等,均离不开组织学习活动的开展,创新产生于上述活动和组织学习过程之中[249]。

企业面临动态与竞争的组织外部环境,为更好地适应环境变化,组织学习在企业竞争过程中的作用就显得尤为重要[4]。通过组织学习整合与优化企业内部资源,使企业能够获得快速发展[136]。陆杉等(2017)[252]认为,组织学习能够升级企业内部知识,提升生产技术。Argyris&Schon(1978)[250]认为,组织学习有助于组织创新。王侠等(2016)[253]认为,组织学习是探索新技术(或知识)与利用新技术(或知识)的动态过程。组织学习为促进企业技术创新的重要途径[254-255]。而知识作为企业技术创新活动的基础与创意源泉。Wang 等(2014)[256]指出,新知识、新创意能够有助于组织实现更高水平的双元创新。渐进性创新或者突破性创新活动的开展本身就需要大量的创新技术(或知识)资源,而作为两类技术创新活动同时开展的双元创新,对企业技术创新活动所需的知识资源有着更高的要求,即企业需要拥有足够的创新知识资源储备来满足同时开展渐进性创新与突破性创新两类技术创新活动的需求。而组织资源冲突是企业实施双元创新活动的重要障碍,资源冲突的有效管理对成功实施双元创新具有决定性作用[257]。学者李剑力(2009)[29]指出:企业中的冗余资源在双元创新平衡性和组织绩效关系间发挥着重要作用,而组织学习有助于企业获得冗余知识资源。通过组织学习能够获取组织内外部创新活动所需的知识资源,能够较好缓解企业所面临的创新知识资源冲突。因此,为了能够更好地满足开展双元创新活动对创新知识资源的需求,企业将借助于组织学习这一知识资源获取的重要渠道。通过组织学习来获取技术创新活动所需的创新技术(或知识)资源,来实现企业双元创新活动的顺利开展。谢洪明等(2005)[251]也指出:组织学习有利于企业技术创新与管理创新,是企业获取持续竞争优势与推动技术创新的不二选择。

考虑到渐进性创新与突破性创新活动的开展需要不同类型的创新知识资源,双元创新活动的实施常常使企业面临较大的创新知识资源压力。尤其是当企业拥有的技术创新知识资源尚不富余的情况下,常常较难兼顾好两类技术创新活动,此时就需要在两类技术创新活动之间进行取舍,迫使企业因受自身技术(或知识)资源限制而不得不侧重于单一类型(渐进性创新或突破性创新)的创新活动,做出"顾此失彼"的决策。事实上,大多数企业面临技术创新知识资源压力的时候,考虑受组织自身技术(或知识)资源、能力或者精力所限,在组织外部环境较为稳定时,企业实施突破性创新动力则不足,往往会偏重于渐进性创新活动,从而有助于短期内获得较大的经济效益。而组织外部环境处于高度动态时,企业为了避免产业中突破性创新技术的出现而遭到淘汰出局的命运。此时,企业加大突破性创新活动的投入就显得尤为迫切,即技术创新资源投入常常会偏向于选择风险较大的突破性创新活动。因此,不论组织外部环境如何,两类技术创新活动的同时开展使得企业易陷入技术创新知识资源困境,导致企业较难兼顾两类技术创新活动,从而不得不在两类技术创新活动之间进行取舍,故不利于两类创新活动之间的相互平衡。通过卓有成效的组织学习,不仅能够充分吸收、整合和应用组织内外部创新知识资源,还能够创造出技术创新活动所需的新技术(或新知识),从而能够较好满足同时实施渐进性创新与突破性创新两类技术创新活动对知识资源的需要,即企业通过组织学习能够从组织内外部获取有价值的技术(或知识)资源,丰富企业的技术创新知识库,能够较好地缓解同时开展两类创新活动所面临的技术创新知识资源窘境,使得企业能够较好兼顾两类创新活动,从而有利于两类创新活动之间的相互平衡。

当企业自身拥有的知识资源较为丰富时,企业将更有能力同时开展两类技术创新活动。此时,通过组织学习获取的知识资源,同样有利于企业实现两类创新活动之间的均衡,考虑到创新知识资源较为丰富,此时将有可能会实现更高水平的双元创新平衡。故企业通过组织学习能够有效缓解两类创新活动所面临的知识资源压力,能够更好地满足两类创新活动的需求,进而有利于实现双元创新的较好平衡。

企业通过组织学习获取外部同质性知识,能够有利于企业渐进性创新活动的开展,而渐进性创新活动过程所产生的知识,有利于企业深化对原先技术(或知识)的认识,能够扩充企业技术创新知识库,进而为企业突破性创新活动的开展提供丰富的创新知识源。而企业通过组织学习从外部获取的异质性知识,有利于开阔视野,并对于先前技术创新活动过程进行反思,有利于突破性创新活动的开展,而突破性创新活动过程所产生的知识虽偏离企业原有的技术创新轨道,仍有利于企业渐进性创新活动的开展[40]。利用性创新活动有助于组织探索新知识,并在随后的创新活动中对知识进行整合,达到提升创新绩效的效果,较高程度的利用性创新活动有助于提升企业探索新知识的效率[103]。故企业通过组织学习,能够更好地发掘、使用、共享、整合及创新企业现有的知识资源,即能够充分利用组织中的知识资源,提升知识资源的利用效率,达到促进企业两类创新活动的目的。

组织学习包括探索性学习与应用性学习。许晖等(2013)[183]的实证研究表明,应用性学习对渐进性创新和突破性创新均具有正向影响,只是对渐进性创新的正向影响更加强烈,而探索性学习对突破性创新的正向作用更强,故同时实施探索性学习与应用性学习能够促进双元创新。Benner等(2003)[3]认为,探索性学习能够促进突破性创新,而应用性学习能够促进渐进性创新。即组织学习的两个维度——应用性学习和探索性学习——分别主要促进渐进性创新和突破性创新,因此,相较于采取探索性学习或应用性学习的单一类型的组织学习方式,组织(或双元)学习(此处"组织学习"指同时开展应用性学习与探索性学习,等同于"双元学习")更有利于渐进性创新和突破性创新两者之间的相互平衡,即有利于双元创新平衡性水平的提高。企业探索新机会、评价、消化及获取新知识的能力需要依赖企业先前相关领域的经验,原有的应用性学习为企业奠定了较好地技术(或知识)基础,能够强化企业的消化、吸收和应用新技术(或知识)的能力[40],故应用性学习能够促进探索性学习。企业通过探索性学习而获得的新知识与企业已有知识进行整合,将进一步激发企业挖掘现有技术领域的知识,推动企业对现有技术创新领域知识的创新性应用[258],故探索性学习能够促进应用性学习。由上述分析可知,应用性学习有助于组织熟悉当前的创新知识资源,为探索性学习创造了条件,而探索性学习又为新一轮的应用性学习奠定了基础,即探索性学习与应用性学习两者能够相互促进,相辅相成。

就渐进性创新与突破性创新之间的关系而言,学者焦豪(2011)[34]基于以下3个方面全面分析了渐进性创新与突破性创新之间存在相互增强的关系:①高水平的渐进性创新能够提升企业实施突破性创新的成效,有利于创造新产品及推动新产品市场化;②渐进性创新流程的熟悉有助于促进企业对组织外部新知识的获取;③高水平的突破性创新流程有助于改善企业现有产品及其营销策略,还有利于成功地研发新产品,同时还能够提升其他产品的市场地位。

综上所述,在实施组织学习的企业里,将具有更强的识别、组织、整合、创造和应用创新知识资源的能力,不仅有助于缓解实施双元创新活动所面临的创新知识资源瓶颈,还有助于渐进性创新和突破性创新之间的有效平衡,即促进双元创新平衡性水平的提升,而应用性学习和探索性学习能够相互促进、渐进性创新和突破性创新相互增强,从而实施组织(双元)学习有利于双元创新互补性水平的提升,即实施组织学习有助于企业双元创新协同性、双元创新平衡性及双元创新互补性的提高。

据此,本书提出如下假设:

H_1——组织学习与企业双元创新协同性正相关;

H_{1a}——组织学习与企业双元创新平衡性正相关;

H_{1b}——组织学习与企业双元创新互补性正相关.

3.1.2 两类组织学习的交互对企业双元创新协同性的作用分析与假设

学术界普遍认为,知识资源的探索与开发是企业技术创新的源泉和基础[259]。应用性学习主要是侧重于企业现有知识资源的利用,探索性学习包含企业外部知识的识别和同化两个方面,是知识获得的过程[33]。由于组织创新知识资源具有稀缺性,企业通过应用性学习来推动渐进性创新的过程常常离不开组织外部知识的识别和同化(即探索性学习)的支持;探索性学习推动企业突破性创新的过程,往往需要对企业现有知识资源的充分挖掘与利用(即应用性学习)[40]。渐进性创新过程中产生的知识不仅能够丰富企业技术创新知识库,还能够为企业探索性学习奠定坚实的基础;探索性学习能够促进企业突破性创新活动的开展,而突破性创新活动过程所产生的知识虽然偏离了企业原有的技术创新轨道,却仍有利于启迪企业渐进性创新活动的开展[40]。

上述分析表明:组织学习与渐进性创新、突破性创新及双元创新均成正相关,而且渐进性创新与突破性创新之间能够相互增强。下面分析组织学习两个维度(探索性学习与应用性学习)对双元创新协同性、双元创新平衡性和双元创新互补性等的交互影响。

有关研究表明,应用性学习主要促进渐进性创新,探索性学习主要促进突破性创新[183]。故单一类型的组织学习方式(即只进行探索性学习或应用性学习)虽然能够促进渐进性创新和突破性创新的开展,但因单一组织学习方式对与其相对应的技术创新方式的促进作用更大,具体如下:应用性学习虽然能够同时促进渐进性创新和突破性创新,但应用性学习对渐进性创新的影响更大;同样,探索性学习虽然能够促进渐进性创新与突破性创新,但探索性学习对突破性创新的影响也更大。因此,单一的组织学习方式容易导致两类创新活动之间的失衡,即不利于两类创新活动之间的均衡发展。而应用性学习与探索性学习的共同作用能够弥补单一学习类型的不足,较好地促进渐进性创新与突破性创新的均衡发展,从而有利于两类创新活动之间的平衡。故与单一的组织学习方式(即只进行探索性学习或应用性学习)相比,组织学习交互(即探索性学习与应用性学习共同作用)更有利于渐进性创新与突破性创新两类创新活动之间的平衡,即两类组织学习的交互有利于双元创新平衡性水平的提高[40]。企业在应用性学习过程中积累的相关知识经验能够提高企业吸收、消化和应用新知识的能力[258]。因此,应用性学习有利于企业探索性学习的开展。由探索性学习获得的组织外部知识与企业现有知识的有效整合,将进一步激发企业挖掘现有技术领域的知识,丰富技术创新知识库,从而促进应用性学习。由以上分析易知,探索性学习和应用性学习能够相互促进、相辅相成,这一观点已被有关实证研究所证实。例如,高媛等(2012)[248]实证研究表明,应用性学习和探索性学习之间存在着互补与协同的关系。综上所述,在实施组织双元学习的企业里,在应用性学习与探索性学习的共同作用下,渐进性创新与突破性创新两者之间既能够相互平衡又能够相互促进,即两类学习共同作用有利于双元创新协同性、双元创新平衡性和双元创新互补性的提高。

综上所述,本书提出如下假设:

H_2——两类组织学习对企业双元创新协同性有正向的交互影响;

H_{2a}——两类组织学习对企业双元创新平衡性有正向的交互影响;

H_{2b}——两类组织学习对企业双元创新互补性有正向的交互影响。

3.2 知识积累的中介作用分析与假设

陈国权(2000)[119]认为,组织学习是组织成员不断获取知识以适应组织内外部环境与获得持续竞争优势的过程。组织学习既能够提升个人知识与能力,还能够较好地推动个人知识与能力向组织知识与能力的转化,进而使得企业知识与能力能够更好地结合,发挥出更大的价值[260]。从组织学习视角来看,知识作为企业最为重要的战略性资源,是企业持续竞争优势和核心竞争能力的源泉,而组织学习能够营造良好的知识分享、知识转移、知识吸收、知识整合和知识应用氛围,提升企业知识创新与创造的能力。从知识管理视角来看,组织学习过程包括知识获取、知识分享和知识运用三阶段[190]。而组织学习的三个阶段——知识获取、知识分享和知识运用——均有助于企业从组织外部获取新知识、分享新知识以及创造新知识,从而能够有助于实现企业创新知识的积累。企业资源观指出,组织学习为获得组织内外部知识提供了重要途径,亦即组织学习能力越强,将越有利于获取来自企业内外部的知识,从而有利于实现组织中的知识积累[136]。大多数学者认为,组织中的知识积累较大程度依赖于企业高管团队成员和员工之间的知识共享[261-262]。笔者认为,组织学习主要通过以下四个方面来促进企业中的知识积累:一是通过学习获取组织外部先进的技术知识、市场知识、产业发展趋势及组织管理等方面的知识来开阔视野与丰富企业技术创新的知识库,从而能够有效地实现组织创新知识的积累。二是将组织外部获取的知识在组织内部成员之间进行充分学习与交流,通过知识分享、知识吸收、知识转移、知识应用和知识创造等实现企业技术创新知识库的增加。三是将从组织外部获取的知识运用到组织技术创新实践过程中,通过创新实践不断创造出新知识来实现创新知识的积累。四是企业通过获取组织外部先进的知识管理经验、模式和方法,实现企业知识管理水平(或能力)的提升,进而有利于在组织内部更好地分享知识,促进组织新知识的产生,从而实现企业中的知识积累。

综上所述,本书提出如下假设:

H_3——组织学习与知识积累正相关。

知识作为组织战略性财富,高效地获取创新知识资源是组织竞争优势的源泉[263]。Drucker(1993)[264]指出,知识是企业实现创新成功的关键。在技术创新领域,知识是企业中最为关键的资源,为了促进企业技术创新活动的高效开展,企业需要实现技术(或知识)的有效积累[60]。Romer(1994)[265]指出,知识为企业技术创新的源泉。通过组织外部知识内化,实现组织中的知识积累,能够为组织的发展提供强劲动力[266]。与此观点相反,有学者认为,企业持续竞争优势的获得并非来自组织外部的知识,而是通过自身知识的积累来实现[267]。组织知识积累过程所产生的新知识是企业技术创新活动所需知识最直接来源,而组织内部协同获取新知识又是实现创新成功较为有效的方法[268]。通常来讲,组织内部知识积累能够明显增加组织中的知识存量,有利于提升企业知识搜寻与选择效率[269]。而知识搜寻与选择效率的提升,能够有效地改善企业技术创新活动的效率,从而促进企业技术创新水平的提升。江旭等(2010)[160]指出,组织中的知识积累能够对企业技术创新活动产生积极的作用。企业资源观认为,知识是实施创新最为关键的资源[267]。知识积累为企业技术创新活动提供资源基础,若缺乏必要的创新知识资源积累,技术创新活动将无法有效展开,更谈不上实现高水平的双元创新协同发展。张军等(2014)[270]指出,知识积累是改善组织创新能力的重要因素,其溢出效应有助于减少组织创新费用支出和知识搜寻费用。Grant 等(2004)[271]指出,知识是组织中最有价值的资源,为企业有效运行提供了重要支撑,创新源自知识资源的重组,创新活动与知识积累成正相关,即知识积累越丰富,创新机会越多。双元创新活动的开展需要大量的创新知识资源提供支撑,故能否实现高水平的双元创新与企业自身所能够支配的知识资源密不可分。笔者认为,从组织内外部获取的知识资源共同构成了技术创新活动的基础与企业持续竞争优势的源泉。知识积累为企业技术创新活动开展提供了丰富的创新知识资源,能够较好满足同时实施两类创新活动的需要。故知识积累能够丰富企业技术创新知识库,能够有效缓解同时开展突破性创新与渐进性创新所面临的创新知识资源不足的困境,有利于实现两类技术创新活动的“齐头并进”。知识积累促进企业技术创新还体现在:企业同质性知识积累能够促进渐进性创新的开展,而异质性知识积累能够促进突破性创新的实施。然而,渐进性创新过程产生的知识虽不能直接促进突破性创新活动的开展,但是仍能够丰富企业创新知识库,为后续突破性创新活动的开展奠定坚实的基础[40]。而突破性创新过程产生的知识虽不能直接促进渐进性创新活动的开展,却能够有助于启迪企业的渐进性创新活动[40]。因此,知识积累能够有助于企业两类技术创新活动之间的相互促进。

组织学习有助于促进知识积累,进一步推动企业创新活动的开展,可以认为组织学习为企业获取外部知识实现知识积累提供了较好的途径。企业通过组织学习所获得外部技术(或知识)资源,不仅有利于实现组织间的知识积累,为技术创新活动提供创新资源基础,能够促进技术创新活动的开展。李文亮等(2016)[272]认为,外部(组织)学习获取的异质性技术(或知识)有利于企业突破性创新活动的开展,其研究还表明外部(组织)学习与企业突破性创新活动成正相关。外部(组织)学习是突破性创新活动开展所需知识的重要来源[104][248]。沈志渔等(2014)[273]指出,企业自身知识存量及创新能力有限,外部知识的学习与使用能够促进企业技术创新活动的开展。笔者认为,外部(组织)学习获取的技术知识和管理知识不仅能够丰富企业技术创新知识库,还能够有效避免因企业自身创新资源的不足而过于偏重于某一种类型的技术创新活动,从而有利于两类创新活动之间的平衡。外部(组织)学习习得的先进而实用的技术知识、管理知识、技术经验和管理经验等,为企业同时而高效地开展渐进性创新和突破性创新,提供了更好的创新知识基础和管理方式,因而能够促进两类创新活动的协同开展。换言之,良好的外部组织学习,不仅能够使企业同时开展的两类创新活动较好地实现相互平衡,而且有助于它们之间相互促进。沈志渔等(2014)[273]的实证研究表明:外部(组织)学习与渐进性创新、突破性创新均正相关。

组织学习对双元创新协同性及其维度的影响并非简单的因果关系。笔者认为,企业通过组织学习来吸收、消化、整合、创造和应用组织内外部技术(或知识),从而实现组织知识积累,而组织知识积累能够较好缓解企业同时开展渐进性创新与突破性创新两类创新活动所面临的知识困境,从而能够有效地促进企业双元创新的协同发展,即知识积累能够正向影响双元创新平衡性、双元创新互补性和双元创新协同性。具体来讲,组织学习促进了组织内外部的知识交流、知识转移和知识共享,为企业获取组织外部"价值连城"的知识创造了有利条件,为企业渐进性创新与突破性创新提供了丰富的创新知识资源。而这一过程能够使得企业充分利用组织外部知识资源,实现企业自身的知识积累,为实现高水平的双元创新奠定了基础,从而促进企业渐进性创新与突破性创新活动的开展。而现实中,双元创新失衡的一个重要原因在于企业创新资源相对匮乏而无法较好地满足实现高水平双元创新活动的需要,而依据企业自身创新知识资源实际情况,不得不偏重于某一类技术创新活动。而通过组织学习实现了组织中创新知识积累,能够较好地缓解企业所面临的技术创新知识资源不足的问题,为企业两类创新活动的同时开展创造了条件,进而有利于两类创新活动之间的相互平衡。而通过组织学习所获取的企业外部知识又有利于两类创新活动之间的相互促进。即组织学习能够有效促进知识积累,提高企业的双元创新平衡性、双元创新互补性和双元创新协同性。

综上所述,本书提出如下假设:

H_4——知识积累在组织学习与企业双元创新协同性之间起中介作用;

H_{4a}——知识积累在组织学习与企业双元创新平衡性之间起中介作用;

H_{4b}——知识积累在组织学习与企业双元创新互补性之间起中介作用。

3.3 环境动态性的调节作用分析与假设

组织学习对企业双元创新协同性及其维度的影响,总是处于特定组织内外部环境之中,即组织学习在促进企业双元创新协同发展过程中必然受环境动态性的影响。面对动态的外部环境,企业为避免在竞争中出局,将会通过加强组织学习来提升技术创新活动的效率,更好地满足动态的市场需求。面对动态竞争的外部环境,企业为避免产品或者技术过时,需要加强技术创新活动进行应对[7]。高度动荡的环境下,企业为了能够更好地适应外界环境,避免为竞争手所超越,将会充分运用组织学习来获取组织外部的创新知识资源,不断地丰富企业技术创新知识库,提升企业的技术创新能力(或水平),从而更好地维持与强化企业持续竞争优势[52]。同时,在高度动荡的外部环境下,企业可以从外部环境的快速变化中捕获技术创新的灵感、技术演进趋势和捕捉市场机会,这也为企业学习和获取组织外部知识提供较好的机会,不仅可以拓宽企业获取外部知识的边界,而且可以有效扩展和丰富企业技术创新知识库,提高企业的技术创新能力,有利于企业两类技术创新活动的开展[52]。在高度动荡的环境下,消费者需求变化速度快,产品更新换代加速,故企业需要通过加快技术创新才能够满足消费者多变的需求,有利于企业更好地开拓市场与适应组织外部的环境。外部环境动态性水平越高,企业技术创新活动将会越活跃,组织间知识传播、知识创新和知识应用的氛围将会越好,从而更容易获取企业开展两类创新活动所需要的知识,能够较好地弥补同时开展两类技术创新活动所面临的创新知识资源困境,有利于企业在两类创新活动之间进行兼顾,从而有利于企业实现两类创新活动之间的平衡[52]。此外,动态环境下,企业将面临更大的不确定性,为了避免在激烈的竞争环境中出局,企业将会更加注重组织学习来实现两类创新之间的相互促进。企业要想在复杂动荡的环境中赢得竞争优势,就需要具备较强的快速学习与创新能力[274]。渐进性创新有利于企业获取当前利益,突破性创新有利于企业实现长远发展[4]。相关研究指出,企业面临动态的外部环境时,为了获得生存及实现可持续发展,就需要科学地平衡好渐进性创新与突破性创新[31]。动态的环境要求企业能够同时兼顾当前利益与长远利益,从而更加注重两类技术创新活动之间的平衡与互补。

环境动态性水平越高,表明企业面临的产品、技术与市场需求变化速度越快。高度动态的环境将有利于培育企业的外部环境适应能力,提升对外部环境的感知能力,更易于发现、把握与利用市场中的机会,有利于企业及时将创新知识资源运用到技术创新活动中来,有利于管理者更好地抓住市场机遇。企业利用组织学习满足自身知识相对不足的需求也就越旺盛,通过组织学习获取组织内外部知识的动机也就更加强烈,这无疑有助于企业获取组织间的创新技术(或知识)资源,而获取的创新技术(或知识)资源,能够在一定程度上缓解同时实施双元创新所面临的知识资源不足,从而有利于企业两类创新活动之间的相互平衡。高度动态的外部环境将大大缩短新产品研发周期及新产品在市场上的新颖时间,迫使企业技术创新活动提速[275]。环境动态性越高,顾客需要变化越快,市场对企业技术更新要求也就更加强烈[276]。企业面临动荡多变的外部环境时,就需要具备快速学习能力及创新能力[277]。为了适应动态变化的外部环境,企业就需要不断地创造新产品和提供新服务。渐进性创新、突破性创新分别有益于企业的当前利益与长远利益[4]。环境动态性是影响企业技术创新的重要外部环境情境变量[275]。环境动态性水平较高时,企业当前产品与技术都易于被淘汰,企业只有不断地进行技术创新才能够适应组织外部环境。面对动态的外部环境,企业既需要考虑当前产品及技术的改进,又需要考虑发展能够适应外部环境变化所需的全新产品与技术。因此,企业需要既考虑应对当前技术的竞争,又需要考虑到可能出现新技术所面临的威胁,需要兼顾好当前利益与长远利益,即需要兼顾好渐进性创新与突破性创新,从而有利于两类创新活动之间的均衡发展。环境动态性水平越高,企业面临的竞争压力就越大,就越需要利用组织学习获取组织外部创新知识资源来有效开展好两类创新活动。环境动态性水平越高,企业内部的知识分享氛围将越好,将有利于打破两类技术创新之间的知识壁垒,促进两类技术创新知识资源间的交流与融合,从而有利于两类创新活动之间的相互促进。此外,环境动态性越高,两类技术创新活动越活跃,而创新过程中产生的知识,同样有利于两种技术创新活动之间的相互促进。即环境动态性能够正向调节组织学习与双元创新协同性、双元平衡性和双元创新互补性之间的关系。

综上所述,本书提出如下假设:

H_5——环境动态性正向调节组织学习与企业双元创新协同性的关系;

H_{5a}——环境动态性正向调节组织学习与企业双元创新平衡性的关系;

H_{5b}——环境动态性正向调节组织学习企业与双元创新互补性的关系。

3.4 环境竞争性的调节作用分析与假设

激烈竞争的外部环境背景下,企业将通过实施两类技术创新活动,以满足短期生存与长远发展的需要。面对高度竞争的组织外部环境,企业将倾向于通过加速开展渐进性创新与突破性创新两类技术创新活动来适应组织外部激烈的竞争环境。激烈的竞争环境会破坏组织稳定的发展,促进组织内部成员之间的知识分享,并主动学习和应用其他部门的知识,来应对未来可能出现的挑战[278]。外部环境的变化将会影响和触发企业的创新行为,为了更好地适应组织的外部环境,企业必须做出一些改变[279]。环境竞争性主要反映企业所面临的外部竞争压力。环境竞争性水平越高,企业面临的外部竞争压力越大,对技术创新的要求也将越高。为了更好地适应激烈的外部竞争环境:一方面企业将会加大对技术创新活动的投入,提高技术创新能力与水平;另一方面,激烈的外部竞争环境将使得企业创新资源匮乏问题得到进一步凸显,此时企业将更加注重通过组织学习来获取丰富的组织间创新知识资源,来推动企业的渐进性创新与突破性创新。

面对高度竞争的外部环境,企业将努力改善现有的技术,并寻求新技术方面的突破,即渐进性创新与突破性创新两者并重,从而赢得生存及实现可持续发展。沈鲸指出,企业面临的外部环境竞争性越高,开展两类技术创新活动就显得更为必要和紧迫[280]。Jansen 等(2005)[17]的实证研究结果也表明:竞争环境下的企业更倾向于同时开展两类技术创新活动。Auh&Menguc(2005)[281]的研究表明,面临激烈竞争的外部环境,企业将更加注重平衡好两类技术创新活动。曲小瑜(2017)[247]指出外部竞争的环境将始终伴随着企业,这就需要企业能够迅速地做出回应。而组织学习就成为企业有效应对外部环境竞争挑战的重要选择,激烈竞争的外部环境下,企业将会通过加强组织学习来应对这一挑战。具体而言,面对竞争激烈的外部环境,企业将从以下两个方面促进技术创新活动的实施:一方面,企业将充分利用内外部创新知识资源,提高技术创新活动的效率,降低技术创新活动的成本,进而帮助企业取得更好的创新绩效。另一方面,企业将加大对组织学习的投入,通过充分学习组织内外部创新技术(或知识)资源,弥补同时开展两类创新活动所面临的创新知识资源不足的困境,从而有利于两类创新活动之间的相互平衡。

竞争的环境下,企业将加强组织学习实现两类技术创新活动之间的灵活切换,环境竞争性程度越高,企业兼顾短期利益与长远发展就越迫切,从而更加注重两类技术创新活动之间的平衡。此外,在竞争激烈的环境下,为更好地适应外部环境与捕捉市场中可能出现的各种有价值的信息,企业将更加敏锐地识别、消化、吸收和应用企业内外部创新知识源,这显然有助于改善企业同时实施两类技术创新活动所面临的创新知识融合困境,从而能够实现两类技术创新活动的相互促进。即环境竞争性能够正向调节组织学习与双元创新协同性、双元创新平衡性和双元创新互补性之间的关系。

综上所述,提出如下假设:

H_6　环境竞争性正向调节组织学习与企业双元创新协同性的关系;

H_{6a}　环境竞争性正向调节组织学习与企业双元创新平衡性的关系;

H_{6b}　环境竞争性正向调节组织学习与企业双元创新互补性的关系.

根据上面的研究假设,可以构建出本书的理论模型(即概念模型),如图 3-1 所示。

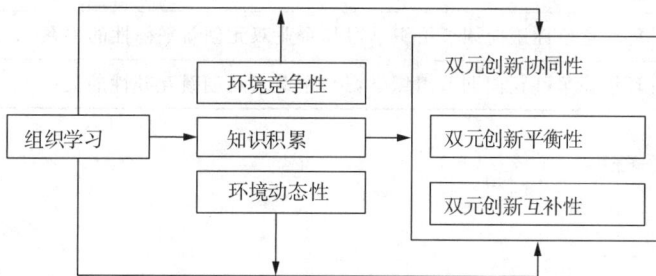

图 3-1　本书的理论模型

3.5　本章小结

本章在第 1 章和第 2 章的基础上,基于前人相关文献和理论,对组织学习(自变量,由探索性学习和应用性学习两个维度组成)、知识积累(中介变量)、双元创新协同性(因变量,由双元创新平衡性和双元创新互补性两个维度组成)、环境动态性(调节变量)和环境竞争性(调节变量)之间的关系进行了理论分析,提出了 16 个相关研究假设(见表 3-1),进而构建了本书的概念模型。

表 3-1　本书研究假设

序号	研究假设
1	H_1组织学习与企业双元创新协同性正相关
2	H_{1a}组织学习与企业双元创新平衡性正相关
3	H_{1b}组织学习与企业双元创新互补性正相关
4	H_2两类组织学习对企业双元创新协同性有正向的交互影响
5	H_{2a}两类组织学习对企业双元创新平衡性有正向的交互影响
6	H_{2b}两类组织学习对企业双元创新互补性有正向的交互影响
7	H_3组织学习与知识积累正相关
8	H_4知识积累在组织学习与企业双元创新协同性之间起中介作用
9	H_{4a}知识积累在组织学习与企业双元创新平衡性之间起中介作用

序号	研究假设
10	H_{4b} 知识积累在组织学习与企业双元创新互补性之间起中介作用
11	H_5 环境动态性正向调节组织学习与企业双元创新协同性的关系
12	H_{5a} 环境动态性正向调节组织学习与企业双元创新平衡性的关系
13	H_{5b} 环境动态性正向调节组织学习企业与双元创新互补性的关系
14	H_6 环境竞争性正向调节组织学习与企业双元创新协同性的关系
15	H_{6a} 环境竞争性正向调节组织学习与企业双元创新平衡性的关系
16	H_{6b} 环境竞争性正向调节组织学习与企业双元创新互补性的关系

第四章　实证研究设计与样本数据收集

　　本章主要介绍研究测量量表开发、数据收集和实证方法选择。具体来说,首先对国内外重要文献进行认真梳理,并选择南京地区部分高新技术企业进行实地走访与问卷预调研,确定本研究涉的测量量表;然后确定调查对象及具体研究样本选择;接着介绍了本书研究工作的具体开展情况及样本情况介绍,最后简要介绍本研究所采用的具体研究方法。

4.1　调查问卷设计的流程

　　依据前文的概念模型与实证研究的要求,笔者参考国内外较为成熟的研究测量量表,初步确定了探索性学习、应用性学习、渐进性创新、突破性创新、知识积累、环境动态性和环境竞争性等研究变量的测量问项。调查问卷的设计按照以下流程进行:首先,全面阐述本研究问卷的主要内容与具体设计过程;第二,详细介绍样本数据的获取与处理过程,本部分包含了实证研究所需的调查数据具体来源、采用的统计方法及数据处理工具;第三,对变量测量问项修订完善,并利用完善后的测量问项进行数据采集。

4.2　变量测量

　　(1)组织学习

　　本研究主要参考 Zhou&Wu(2010)[153]等学者开发的组织学习测量量表,并对该量表进行适当的修改,以构建本书的组织学习量表。该量表中组织学习由探索性学习与应用性学习 2 个维度组成,总测量量表由 10 个测量题项组成,每个维度均含 5 个测量题项。探索性学习与应用性学习测量题项分别反映了企业在产品开发过程中是采用现有知识和技术还是探索新知识和技术的程度[153]。探索性学习的测量题项有:企业获得了全新的制造技术和技能、企业学习行业全新的产品开发技术和开发流程、企业获得对创新至关重要的全新管理和组织技能、企业在资助新技术和培训研发人员方面学习了全新的技能和企业在不熟悉的领域提升了创新技能等 5 个测量题项。应用性学习的题项有:企业能够沿当前技术轨道改进新产品、企业投资于开发成熟技术,提高当前创新运营的效率、企业提升了处理现有客户问题的能力、企业已经拥有丰富经验的产品开发技能和企业通过加强知识和技能,提高现有创新活动的效率等 5 个测量题项,具体见表 4-1。

(2)双元创新协同性

由于双元创新协同性由双元创新平衡性与双元创新互补性 2 个维度组成,所以其测量也理应基于双元创新平衡性与双元创新互补性进行测量。而现有关于双元创新平衡性与双元创新互补性的测量大多是参照 QingCao 等(2009)[31]给出的计算方法,通过渐进性创新与突破性创新测量结果计算而得,本研究仍然采用这一测量思路来测量双元创新协同性。

本研究借鉴 Jansen(2006)[7]、Atuahene. Gima(2005)[14] 和 He&Wong(2004)等[33] 等学者的研究,并参考国内外其他学者的研究,结合本研究内容,分别采用 3 个题项测量渐进性创新与突破性创新。渐进性创新的测量题项包括:"企业常能改进已有产品/服务""企业常能改善已有产品与服务的供应效率"和"企业能够根据市场现有客户的需要扩展产品/服务"。突破性创新的测量题项包括:"推出一系列新的产品/服务"、"产品/服务取得较大改观"和"研发和销售全新产品及服务",具体见表 4-2。双元创新协同性采用公式:双元创新协同性测量数值=0.5×(双元创新互补性测量数值+双元创新平衡性测量数值)来进行计算。

表 4-1 组织学习测量量表

变量	维度	测量题项	题项参考来源
组织学习	应用性学习	YYX1 企业能够沿当前技术轨道改进新产品	Zhou,Kevin Zheng and Wu Fang (2010)
		YYX2 企业投资于开发成熟技术,提高当前创新运营的效率	
		YYX3 企业提升了处理现有客户问题的能力	
		YYX4 企业已经拥有丰富经验的产品开发技能	
		YYX5 企业通过加强知识和技能,提高现有创新活动的效率	
	探索性学习	TSX1 企业获得了全新的制造技术和技能	
		TSX2 企业学习行业全新的产品开发技术和开发流程	
		TSX3 企业获得对创新至关重要的全新管理和组织技能	
		TSX4 企业在资助新技术和培训研发人员方面学习了全新的技能	
		TSX5 企业在不熟悉的领域提升了创新技能	

表 4-2 双元创新测量量表

变量	维度	测量题项	题项参考来源
双元创新	渐进性创新	JJX1 企业常能改进已有产品/服务	He&Wong(2004); Atuahene. Gima K(2005); Jansen(2006)
		JJX2 企业常能改善已有产品与服务的供应效率	
		JJX3 企业能够根据市场现有客户的需要扩展产品/服务	
	突破性创新	TPX1 推出一系列新的产品/服务	
		TPX2 产品/服务取得较大改观	
		TPX3 研发、销售全新产品及服务	

（3）环境动态性

本书环境动态性的测量参考了学者 Dill（1958）[282] 和 Volberda&Van Bruggen（1997）[283] 等学者的测量量表，并结合国内外其他学者的研究，采用 5 个题项来测量环境动态性，具体是："企业当地市场的环境变化是剧烈的""企业客户经常要求新的产品和服务""企业面临的市场不断发生变化""一年之内企业的市场没有任何变化"和"企业市场中要交付的产品和服务的数量变化迅速且频繁"等，具体见表 4-3。

表 4-3　环境动态性测量量表

变量	测量题项	题项参考来源
环境动态性	HJD1 企业当地市场的环境变化是剧烈的	Dill（1958），Volberda and Van Bruggen（1997）
	HJD2 企业客户经常要求新的产品和服务	
	HJD3 企业面临的市场不断发生变化	
	HJD4 一年之内，企业的市场没有任何变化	
	HJD5 企业市场中要交付的产品和服务的数量变化迅速且频繁	

（4）环境竞争性

本书借鉴陈勇（2012）[178]、Jansen（2006）[7]、Birkinshaw（1998）[179] 和 Jaworski&Kohli（1993）[166] 等学者的研究，从竞争强度、竞争对手情况与价格竞争强度等方面进行测量。基于以往文献和专家建议，采用如下 3 个题项来测量环境竞争性：企业所处市场竞争非常激烈、企业有相对强大竞争对手和企业当地市场主要通过价格竞争等，具体见表 4-4。

表 4-4　环境竞争性测量量表

变量	测量题项	题项参考来源
环境竞争性	HJJ1 企业所处当地市场竞争非常激烈	Birkinshaw（1998），Jaworski（1993），Jansen（2006），陈勇（2012）
	HJJ2 企业有相对强大竞争对手	
	HJJ3 企业当地市场主要通过价格竞争	

（5）知识积累

本书中知识积累的测量参考姜骞和唐震（2018）[154]、张军和许庆瑞（2014）[159]、Barrales—Molina（2010）[284] 和 Saenz（2009）[285] 等学者的相关研究，根据企业访谈调研等，确定知识积累由 4 个题项进行测量，如企业对员工和在孵企业有详细的年度培训安排、企业内部能够有效共享与传承专用型技术或者知识、企业能够定期总结与推广创新孵化"经验"和企业能够消化、吸收、整合与应用组织外部知识等，具体见表 4-5。

表 4-5　知识积累测量量表

变量	测量题项	题项参考来源
知识积累	ZSJ1 企业对员工和在孵企业有详细的年度培训安排	姜骞和唐震(2018)、Barrales—Molina(2010)、Saenz(2009)、张军和许庆瑞(2014)
	ZSJ2 企业内部能够有效共享与传承专用型技术或者知识	
	ZSJ3 企业能够定期总结与推广创新孵化"经验"	
	ZSJ4 企业能够消化、吸收、整合与应用组织外部知识	

4.3　问卷防偏措施

除控制变量(企业年龄、规模)外,本研究的变量测量数据均采用李克特量表获得,样本的回答是依据填写者的主观理解,故问卷填写有可能存在偏差。常见的偏差主要有:问卷填写者本身可能并不知晓答案;问卷填写者可能记不清问题的答案;问卷填写者虽知道答案,但不愿意认真回答该问题;问卷填写者不能正确理解所要回答的问题。现实中,对于上述几种情况都可能导致偏差,然而偏差因素是无法从根本上消除,本研究尽可能采取措施降低上述情况带来的不利影响。具体措施如下:

(1)科学选择问卷填写者减少测量偏差。本研究因涉及探索性学习、应用性学习、知识积累、环境动态性、环境竞争性、渐进性创新和突破性创新等研究变量。考虑到高新技术企业高管或者技术主管对这些变量及相关知识比较熟悉,故选取这些人员作为本研究的调研对象,能够确保通过调查问卷获得的数据比较可靠和有效。

(2)利用对数转化处理数据来减少偏差。对于企业年龄、规模等控制变量数据获取也未必能够做到非常准确,本书对收集的企业年龄、规模等数据作对数处理后再做统计数据分析,可以在一定程度上减轻因主观记忆偏差造成的消极影响。

(3)清晰阐述研究目的,增加填答者的问卷应答意愿。在测量问卷卷首明确向填答者承诺测量问项仅作学术研究之用,不会用作其他商业用途,并对问卷填答者的回答严格保密,从而打消应答者填写问卷的顾虑,有利于提高问卷回答的积极性与所得数据的准确性。

(4)确保测量问项准确,减少理解偏差。笔者就变量的测量问项广泛征求相关领域专家与企业高管(或技术主管)的建议,就变量测量问项内容设置进行了反复研讨,并利用预测试来进一步修正完善研究测量问项,从而能够有效避免问卷不清或歧义等问题而造成问卷答题出现较大偏差。

4.4　变量量表开发与确定

本书主要围绕组织学习(含探索性学习、应用性学习)、知识积累、环境动态性、环境竞争性和双元创新协同性(含双元创新平衡性与双元创新互补性)这几个变量之间的关系展开理论分析和实证研究,要求通过问卷调查收集实证研究所需的样本数据,在此基础上进一步通过相关分析、因子分析和回归分析等对样本数据进行统计分析,以检验前文构建的研究假设和概念模型。由前文构建的研究假设和概念模型可以看出,本书涉及的主要测量变量有:探索性学习、应用性学习、渐进性创新、突破性创新、知识积累、环境动态性和环境竞争性。

(1)认真梳理国内外组织学习、双元创新、知识积累、环境动态性与环境竞争性等方面的文献,认真学习和与本研究相关的理论知识,明确研究思路。在认真研读相关文献的基础上,参考已有的比较成熟的相关测量量表,设计出上述各变量的初始测量量表。

(2)邀请技术创新管理研究领域的专家教授和博士生对各变量的初始测量量表进行研讨,在充分吸收和借鉴有关专家教授和博士生的合理化意见和建议的基础上,对初始测量量表进行修改后完善,形成了本研究的预测试问卷。

(3)选取 10 家南京地区高新技术企业进行预测试,在预测试基础上进一步修正调查问卷,形成了最终调查问卷,问卷主要有七部分内容,详见附录 1:

① 企业基本情况及相关信息;

② 企业组织学习情况;

③ 企业知识积累情况;

④ 企业渐进性创新;

⑤ 企业突破性创新;

⑥ 环境动态性;

⑦ 环境竞争性。

本书设计的研究问卷由封面信、说明语及测量题项等部分组成。其中,封面信简要说明问卷调查的内容、目的以及数据的使用去向。说明语是对调查问卷如何正确填写所做的说明。测量题项部分在于把握样本企业有关变量的具体情况、状态和属性等。除了企业年龄、规模等控制变量外,其余研究变量的测量题项测量均采用李克特 7 点量表,用 1—7 分来表示"非常不赞同"到"非常赞同"。

4.5　样本选择和数据采集

数据采集对于实证检验而言十分重要,因为数据质量在很大程度上决定了研究结论的可靠性。

(1)样本选择

本书选择的调研样本为上海、江苏、浙江、安徽和江西等地的高新技术企业。之所以这样选择主要基于以下 3 个原因:①选择高新技术企业,主要是因为高新技术企业属于知识密集、技术密集和智力密集行业,加上高新技术产品寿命周期相对较短,其面临的技术创新压力相对更大、动力更强、更为复杂以及面临更大的风险与不确定性,因此,实施双元创新也就变得更为迫切。②地域上的邻近性使得调研上海、江苏、浙江、安徽和江西等地高新技术企业非常便捷。③该区域位于华东地区,经济发展水平相对较高,高新技术企业也相对较为发达,企业技术创新和组织学习等活动更为活跃,能够为本书研究提供较好的实证研究样本。此外,为了进一步提高实证研究结论的可靠性,本研究明确样本选取标准:①问卷填答者要求须是懂技术的主管(骨干)或者企业高管,主要基于本书研究双元创新、知识积累、组织学习、环境动态性和环境竞争性等研究变量之间的关系,要求调研对象能够较好地把握企业技术创新相关活动、组织学习、产品发展战略以及环境情境等研究变量情况,从而能够获取较为可靠的实证研究样本。②考虑到技术创新活动的规律,要求样本企业成立不少于 3 年(时间计算从成立日期至调研问卷发放日期)。

(2)样本数据采集

为保证样本数据采集工作的效率与质量,决定采用多种途径来采集数据。对回收的调查问卷要进行评价和筛选,不符合要求的予以剔除,筛选依据:①删除成立年限不足 3 年的高新技术企业问卷;②问卷填答模糊不清、不完整和主要研究变量漏填的予以删除,对问卷填答呈现明显规律的,如李克特测量问项均选择同一选项的问卷看作无效问卷;③问卷填答有明显逻辑错误、甚至内容前后矛盾的问卷予以删除。问卷发放和回收情况见表 4-6。

表 4-6 问卷发放与回收情况

问卷获取方式	实地调研	网络发放	MBA 学员	总计
发放问卷数量	80	300	130	510
回收问卷数量	70	92	88	250
有效问卷数	58	74	83	215
有效问卷率	72.50%	24.67%	63.85%	42.16%

① 实地调研。实地调研为实证研究中数据获取的重要渠道之一。该渠道具有回收率高、问卷填答质量好等优点,不足之处在于实地调研成本高、耗费时间和精力多。实地调研时间为 2017 年 07 月~2018 年 06 月,历时 1 年,对上海、江苏、浙江、安徽和江西等地的部分高新技术企业进行实地调研,累计发放问卷 80 份,回收 70 份,有效问卷 58 份,有效问卷率 72.50%。数据显示该方式回收率较高。

② 网络途径。该途径主要通过微信、QQ 以及电子邮件等方式。通过各地市高新技术企业名录获得企业的联系方式,为确保问卷回收率,在问卷发放超过一个月仍未收到回复的,再次通过微信、QQ 或者电子邮件提醒并感谢对方对问卷调研工作的支持与帮助。电子问卷发放于 2017 年 8 月~2018 年 05 月期间,向上海、江苏、浙江、安徽和江西等地高新技术企业累计发放问卷 300 份,回收问卷 92 份,有效问卷 74 份,有效率 24.67%,数据表明了该方式问卷回收率较低。

③ 向 MBA 学员发放问卷。该途径主要是导师、亲戚和朋友等关系针对 MBA 学员进行有选择性的问卷发放,主要考虑的是学员须任职于高新技术企业,且地处上海、江苏、浙江、安徽和江西等地,单位成立时间不少于三年以及 MBA 学员在企业职位等因素进行发放问卷。通过该途径累计发放问卷 130 份,回收 88 份,有效问卷 83 份,有效率为 63.85%。数据表明该途径回收率较高。

笔者运用 t 检验检验了未能回收问卷的偏差,检验结果表明:样本企业的年龄与规模等指标没有明显差异,即不存在未反应误差。此外,采用隐匿答卷者信息与反向条目法来预防同源偏差问题,采用 Harman 单因子法检验样本数据同源偏差,因子分析所得到的第一主成分载荷量为 29.73%,即同源偏差基本不影响研究结论。

4.6 统计分析方法的选择

4.6.1 信度与效度分析

在对通过问卷调查收集的数据进行分析时,首先需要评价量表本身的质量,即需要对量表的信度与效度进行评价。信度(Reliability)是指采用相同的方法对同一研究对象重复测量时,得到数据或者结果相同的可能性。换言之,信度是指测量结果的一致性与稳定性。效度(Validity)是测量结果的正确性,为科学测量最为重要的必要条件。效度高表明能够准确对测量对象进行测量,效度衡量常常包含内容效度与构思效度。虽然本书研究变量的测量量表多参照国内外较为成熟的研究量表,但考虑到研究对象与研究情境的不同,仍需要重新对量表进行信度和效度分析。本书采用 SPSS21.0 进行分析。

4.6.2 多重共线性分析

多重共线性(Multicollinearity)指在线性回归模型分析中,自变量之间相关系数较高,从而引起模型估计失真或者较难实现精确估计。本研究通过方差膨胀因子(VIF)来判断自变量之间是否存有多重共线性。在对调研数据进行统计分析时,先进行多重共线性检验。通常多重共线性采用容忍度(Tolerance)与方差膨胀因子(Variance Inflation Factor,VIF)来衡量,容忍度与方差膨胀因子互为倒数,即 VIF 越小,容忍度越大。在管理学研究中,一般认为方差膨胀因子(VIF)不超过 10 是可接受的。即 $0<VIF<10$,此时容忍度取值应大于 0.1,研究变量之间共线性可以接受,当 $10<VIF<100$,意味着共线性较严重,而 $VIF>100$,共线性问题严重。

4.6.3 描述性统计分析与相关分析

在对研究样本进行正式数据处理前,通常先进行描述性统计分析(Descriptive Analysis)来初步了解研究测量变量的具体分布情况。在完成描述性统计之后,可以对样本数据进行相关分析,以初步判断有关研究变量之间是否存在相关关系。

相关分析(Correlation Analysis)用于研究变量之间的依存关系,是用来研究随机变量之间相关关系的统计方法。相关系数能够反映变量之间依存关系的相关方向与相关程度,相关系数的符号反映了描述对象之间的相关关系的方向,数值描述相关关系的程度。研究变量之间相关系数数值绝对值越大,表明变量之间相关程度越高。由于本书研究的主要变量测量是利用李克特量表取得的,因此本书采用 Pearson 系数来判断研究变量之间的相关情况与显著性程度。

4.6.4 回归分析

"回归"概念最初是由英国科学家高尔顿研究遗传问题所发现的现象,主要用于反映生物后代有回归到历史原有状态的倾向。回归分析是依研究变量之间相关分析,通过建立回归模型,从而依据自变量变化对因变量进行预测。然而,现实问题中,大多情况下,影响因变量的因素可以有多个,这类问题称为多元回归分析,也是采用最为广泛的回归模型。

通常回归分析有强制回归、逐步回归、层次回归、向前回归和向后回归5种。

(1)强制回归,先不关注显著性问题,而将自变量直接加入回归模型,接着分析自变量对因变量的作用。

(2)逐步回归,将自变量逐个加入,检验偏回归平方和的显著性,新变量代入时,检验已代入的自变量,删除不显著的自变量,从而能够使得最终所得到的变量均显著。

(3)层次回归,先引入控制变量,检验控制变量对自变量的影响,通过对控制变量的控制,引入自变量,检验自变量对于因变量的影响,从而能够科学评价自变量对于因变量的影响。

(4)向前回归,依次引入变量,并依据显著性水平来做出取舍判断,即对于满足显著性要求的予以保留,否则剔出该变量,依次引入所有变量,求得最终的回归模型。

(5)向后回归,与向前回归相反,先引入所有自变量,通过分析研究模型的显著性。若模型通过显著性检验,再对各个变量显著性进行研究。对于变量显著性能够通过检验的,保留此变量,否则就剔出该变量。按照该方法,逐步研究余下的变量,余下的自变量将越来越少,最终将得到最简单的回归模型。

以上五种回归方法均为常用的回归分析方法,而除层次回归分析外,其他四种方法均无法区分究竟是控制变量,还是自变量的影响,因此,本书采用层次回归分析法。

4.6.5 中介效应检验

本研究通过采用温忠麟提出的中介效应检验模型来检验知识积累在组织学习与双元创新协同性(含双元创新平衡性与双元创新互补性)之间的中介效应。温忠麟指出,自变量 X 若通过影响变量 M 来影响因变量 Y,则变量 M 即为中介变[286]。Baron&Kenny(1986)[287]出了检验中介效应的经典方法,认为中介效应检验主要通过比较三个回归方程来检验中介效应,中介效应分析路径如图 4-1 所示。具体检验如下:

(1)检验自变量(X)与因变量(Y)之间关系,若 X 与 Y 之间关系不显著,即 $C=0$,则就可以直接推定中介效应不存在。若 X 与 Y 之间关系显著,则进入下一步检验。

(2)检验自变量(X)与中介变量(M)之间的关系,若 X 与 M 之间的关系不显著,即 a

＝0，则停止检验，即不存在中介效应。若 X 与 M 关系显著，$a\neq0$，则进入下一步。

（3）控制中介变量的情况下，检验 X 与 Y 之间的关系，若 $b\neq0$，$c'=0$，则 M 是 X 与 Y 的完全中介变量，若 $b\neq0$，$c'\neq0$，但 $c'\langle c$，M 是 X 与 Y 的部分中介变量。

此外，若自变量(X)与中介变量(M)有显著的影响关系，而中介变量(M)与因变量(Y)之间关系影响不显著情况，此时应通过 Sobel 检验[288]察是否存在中介效应。由 Sobel 计算公式 $Z=\dfrac{a'b'}{\sqrt{a'^2s_b^2+\dfrac{b'}{s_a^2}}}$ 来计算 Z 值，其中 a' 和 b' 对应的标准化回归系数 a、b、s_a、s_b 分别对应

标准误差。Sobel 检验中，Z 临界值为 0.970，即当 Z 值大于 0.970 时，中介效应显著。

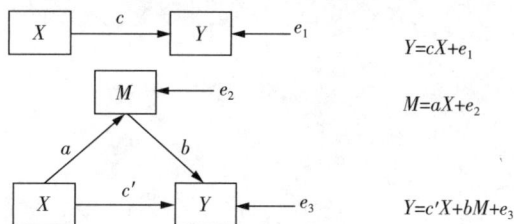

图 4-1 中介效应分析路径图

4.6.6 调节效应检验

调节变量即能够影响自变量与因变量之间的关系变化的方向或者强度[289]。调节效应模型如图 4-2 所示。而对于调节效应的检验，转化成三条直接效应，如图 4-3 所示。若路径 c 显著，即可判定调节效应存在。

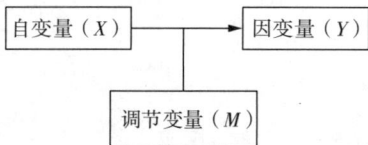

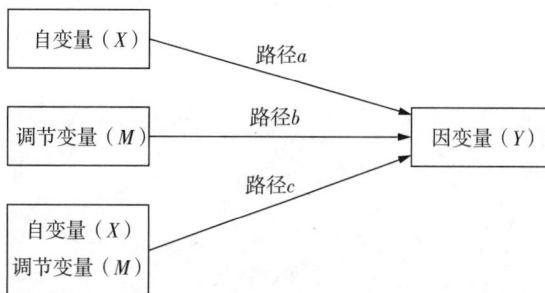

图 4-2 调节效应图　　　　图 4-3 调节效应检验原理

4.7 本章小结

本章从调查问卷设计、研究变量测度、研究样本选取、样本数据采集及实证研究方法选择等方面进行了全面介绍。在调查问卷设计部分，为了提高实证研究的质量，本部分

严格按照规范进行操作,科学确定问卷设计步骤,努力排除各种干扰因素的影响。在确定具体研究变量的测量问项时,尽可能地选择已有成熟研究量表,并结合高新技术企业的实际调研结果,确立研究的初步测量量表。确定了初步测量量表之后,笔者选取了南京市的 10 家高新技术企业进行实地走访,利用获取的问卷进行信效度评价,剔除和优化初始量表中的问项,实现了研究测量问项的优化。在开展调研阶段,采用了实地调研、MBA 高管填写和电话访谈等多种方式获取研究问卷,提高了研究数据的可靠性与有效性。本部分的介绍为下一章的实证研究奠定了基础。

第五章　组织学习影响企业双元创新协同性的实证研究

本章的主要目的是采用第四章介绍的方法对调查获得的样本数据进行统计分析,以检验有关变量测量量表的信度和效度,进而通过相关分析和回归分析对第四章所提出的研究假设和概念模型进行实证检验,最后基于前面的理论分析和本章的实证检验结果,构建基于组织学习的企业双元创新协同进化(发展)机制模型。

5.1　描述性分析

(1)企业行业分布

通过对被调查企业情况统计看,样本企业共 215 家,具体分布情况如下:生物医药业 28 家,占比 13.02%、航天工业 38 家,占比 17.67%、新材料产业 35 家,占比 16.28%、新能源产业 45 家,占比 20.93%、电子信息产业 52 家,占比 24.19%,以及其他产业 17 家,占比 7.91%,样本企业的行业分布如图 5-1 所示。

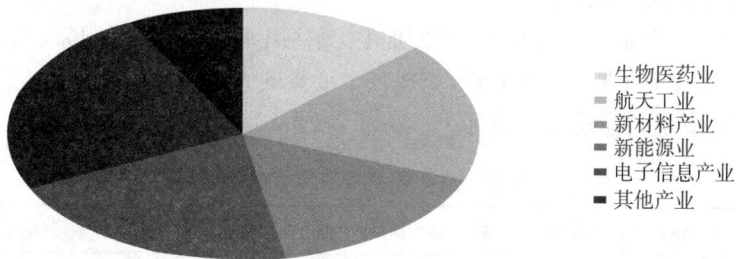

图 5-1　企业行业分布情况

(2)企业年龄分布

从调研收集的样本企业来看,大多企业成了年限分布在 4～30 年之间。其中成立年限 4～10 年有 106 家,占比 49.30%,成立年限 11～20 年有 81 家,占比 37.67%,成立年限 21～30 年有 17 家,占比 7.91%,成立年限 30 年以上有 11 家,占比 5.12%,企业年龄分布如图 5-2。

(3)企业规模分布

从调研收集的 215 样本企业来看,企业规模在 100 人以下有 60 家,占比 27.91%,企

图 5-2 企业年龄分布情况

业规模在 100～200 人的有 35 家,占比 16.28%,200～300 人的有 37 家,占比 17.21%,300～400 人的有 23 家,占比 10.70%,400～600 人的有 20 家,占比 9.30%,600～1000 人的有 27 家,占 12.56%,1000 人以上的有 13 家,占比 6.04%。通常来说企业规模越大,拥有的创新资源越丰富,有可能对企业技术创新活动产生积极的影响,企业规模分布图如图 5-3 所示。

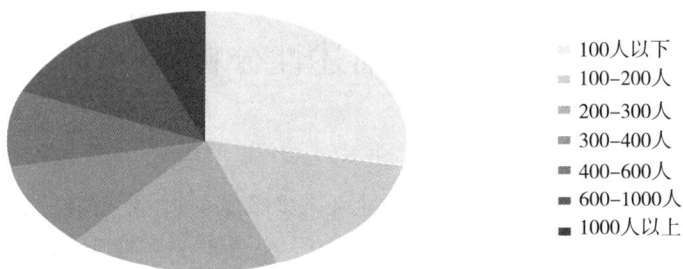

图 5-3 企业规模分布情况

(4)变量的描述性统计

对收集的 215 份研究样本中的主要研究变量(组织学习、知识积累、双元创新、环境动态性和环境竞争性)进行描述分析,把握各个变量的大致分布及变异情况。表 5-1～5-5 给出了主要变量的描述统计情况。

表 5-1 组织学习描述统计分析

变量	维度	编号	最大值	最小值	均值	标准差	偏度	峰度
组织学习	应用性学习	YYX1	6	3	4.54	0.722	0.275	-0.313
		YYX2	7	3	4.69	0.865	0.082	-0.436
		YYX3	7	2	4.60	0.970	0.244	-0.202
		YYX4	7	3	4.61	0.846	0.096	0.222
		YYX5	7	3	4.51	0.891	0.460	-0.190
	探索性学习	TSX1	7	2	4.42	0.833	0.050	0.412
		TSX2	6	3	4.50	0.869	0.036	-0.659
		TSX3	7	2	4.46	0.868	-0.007	0.554
		TSX4	6	2	4.49	0.796	0.163	-0.141
		TSX5	7	2	4.39	0.873	0.439	0.114

表 5-2　双元创新的描述统计分析

变量	维度	编号	最大值	最小值	均值	标准差	偏度	峰度
双元创新	渐进性创新	JJX1	7	2	4.61	1.048	−0.109	0.255
		JJX2	7	2	4.69	1.018	−0.213	0.110
		JJX3	7	2	4.76	1.217	−0.195	−0.398
	突破性创新	TPX1	7	1	4.26	1.393	−0.151	−0.867
		TPX2	7	1	4.19	1.273	−0.313	−0.602
		TPX3	7	1	4.13	1.287	0.113	−0.443

表 5-3　知识积累的描述统计分析

变量	编号	最大值	最小值	均值	标准差	偏度	峰度
知识积累	ZSJ1	7	2	4.65	0.974	−0.159	−0.704
	ZSJ2	7	2	4.82	0.910	0.095	0.188
	ZSJ3	7	2	4.96	1.104	−0.401	0.337
	ZSJ4	7	2	4.94	1.086	−0.565	0.135

表 5-4　环境竞争性描述统计分析

变量	编号	最大值	最小值	均值	标准差	偏度	峰度
环境竞争性	JZX11	7	2	4.31	1.140	0.129	−0.617
	JZX12	7	2	4.35	1.083	0.149	−0.259
	JZX13	7	2	4.45	1.126	0.192	−0.632

表 5-5　环境动态性的描述统计分析

变量	编号	最大值	最小值	均值	标准差	偏度	峰度
环境动态性	DTX11	7	2	4.47	1.013	0.029	−0.322
	DTX12	7	2	4.63	0.995	−0.013	−0.626
	DTX13	7	2	4.62	1.095	0.016	−0.638
	DTX14	7	2	4.61	0.945	−0.064	−0.473
	DTX15	7	2	4.60	1.139	0.143	−0.873

　　由表中的数据,可知所有测量题项的偏度与峰度均处于合理范围,即偏度绝对值不大于3,峰度绝对值不大于10,说明研究数据呈正态分布,样本质量较好,为后续回归分析奠定了基础[290]。

5.2　量表的信度和效度检验

笔者应用 SPSS21.0 并通过问卷调查获得的有效样本数据对上一章构建的有关变量的初始测量量表进行了信度和效度检验,检验结果如表 5-6 所示。各变量的 KMO 值在 0.707~0.906 之间,满足大于临界值 0.7 要求;所有研究变量的 Cronbac's α 系数在 0.812~0.938 之间,均满足大于临界值 0.7 要求;组合信度(CR)在 0.889~0.943 之间,均满足大于 0.7 要求,反映各研究变量测量有较好信度。各变量因子载荷在 0.710~ 0.940 之间,均满足大于 0.5 要求,反映测量量表的聚合效度较好,平均萃取变异量 (AVE)值在 0.627~0.845 之间,满足高于临界值 0.5 的要求,反映测量量表有明显的辨别效度。

表 5-6　变量信度和效度检验结果

变量	维度	题项	载荷	KMO	Cronbach's α 系数	AVE	CR
双元创新	渐进性创新(JJX)	JJX1	0.940	0.740	0.904	0.845	0.943
		JJX2	0.911				
		JJX3	0907				
	突破性创新(TPX)	TPX1	0.884	0.723	0.839	0.757	0.903
		TPX2	0.873				
		TPX3	0.853				
组织学习	应用性学习(YYX)	YYX1	0.882	0.867	0.864	0.658	0.906
		YYX2	0.826				
		YYX3	0.802				
		YYX4	0.738				
		YYX5	0.802				
	探索性学习(TSX)	TSX1	0.710	0.849	0.849	0.627	0.893
		TSX2	0.803				
		TSX3	0.774				
		TSX4	0.846				
		TSX5	0.819				
知识积累		ZSJ1	0.834	0.813	0.846	0.689	0.898
		ZSJ2	0.821				
		ZSJ3	0.787				
		ZSJ4	0.875				

（续表）

变量	维度	题项	载荷	KMO	Cronbach's α 系数	AVE	CR
环境动态性		HJD1	0.900	0.906	0.938	0.805	0.904
		HJD2	0.879				
		HJD3	0.901				
		HJD4	0.903				
		HJD5	0.904				
环境竞争性		HJJ1	0.821	0.707	0.812	0.728	0.889
		HJJ2	0.868				
		HJJ3	0.869				

　　为进一步验证量表效度,采用对研究的主要变量进行了主成分分析。在主成分分析前,先进行 KMO 和 Bartlett 计算。KMO 大于 0.7,Bartlett 球形检验显著,则适合进行主成分分析,具体分析如下:

　　组织学习变量中应用性学习与探索性学习的 KMO 分别为 0.867 和 0.849,Bartlett 球形检验χ^2值 492.809 和 426.954,显著性水平均为 0.000,具体应用性学习和探索性学习的 KMO 和 Bartlett 球形检验见表 5-7。此外,进一步对组织学习进行主成分分析,萃取出特征值大于 1 的 2 个成分,能够解释总方差 66.059%,具体组织学习的主成分分析情况见表 5-8。

表 5-7　应用性学习和探索性学习的 KMO 和 Bartlett 球形检验

		应用性学习	探索性学习
KMO		0.867	0.849
Bartlett 球形度检验	近似卡方值	492.809	426.954
	自由度	10	10
	显著性水平	0.000	0.000
主因子的特征值		3.290	3.135
方差累计贡献率		65.803%	62.694%

表 5-8　组织学习的主成分分析

成分	初始情况			旋转情况		
	特征值	方差%	积累%	特征值	方差%	积累%
1	5.484	54.838	54.838	3.459	34.590	34.590
2	1.122	11.221	66.059	3.147	31.469	66.059
3	0.712	7.123	73.182			
4	0.552	5.522	78.704			
5	0.533	5.326	84.030			

（续表）

成分	初始情况			旋转情况		
	特征值	方差%	积累%	特征值	方差%	积累%
6	0.427	4.271	88.301			
7	0.390	3.901	92.202			
8	0.354	3.535	95.737			
9	0.247	2.470	98.207			
10	0.179	1.793	100.000			

双元创新中渐进性创新和突破性创新变量的 KMO 分别为 0.740 和 0.723,Bartlett 球形检验 χ^2 值分别为 434.286 和 256.438,显著性水平均 0.000,具体双元创新的 KMO 和 Bartlett 球形检验见表5-9。此外,进一步对双元创新进行主成分分析,萃取出特征值大于 1 的 2 个成分,能够解释总方差80.281%,具体情况见表5-10。

表 5-9　渐进性创新和突破性创新的 KMO 和 Bartlett 球形检验

		渐进性创新	突破性创新
KMO		0.740	0.723
Bartlett 球形度检验	近似卡方值	434.286	256.438
	自由度	3	3
	显著性水平	0.000	0.000
主因子的特征值		2.536	2.271
方差累计贡献率		84.531%	75.687%

表 5-10　双元创新的主成分分析

成分	初始情况			旋转情况		
	特征值	方差%	积累%	特征值	方差%	积累%
1	2.905	48.411	48.411	2.539	42.321	42.321
2	1.912	31.870	80.281	2.278	37.961	80.281
3	0.399	6.652	86.933			
4	0.363	6.051	92.984			
5	0.250	4.169	97.154			
6	0.171	2.846	100.000			

知识积累变量的 KMO 为 0.813,Bartlett 球形检验 χ^2 值为 356.031,显著性水平 0.000,表明可以进行因子分析,具体知识积累的 KMO 和 Bartlett 球形检验见表5-11。此外,进一步对知识积累进行主成分分析,萃取出特征值大于 1 的 1 个成分,能够解释总方差68.880%,具体情况见表5-12。

表 5－11　知识积累的 KMO 和 Bartlett 球形检验

		知识积累
KMO		0.813
Bartlett 球形度检验	近似卡方值	356.031
	自由度	6
	显著性水平	0.000
主因子的特征值		2.755
方差累计贡献率		68.880%

表 5－12　知识积累的主成分分析

成分	初始情况			旋转情况		
	特征值	方差%	积累%	特征值	方差%	积累%
1	2.755	68.880	68.880	2.755	68.880	68.880
2	0.493	12.322	81.201			
3	0.441	11.021	92.222			
4	0.311	7.778	100.000			

环境动态性变量的 KMO 为 0.906，Bartlett 球形检验 χ^2 值 913.509，显著性水平 0.000，表明可以进行因子分析，具体环境动态性的 KMO 和 Bartlett 球形检验见表 5－13。此外，进一步对环境动态性进行主成分分析，萃取出特征值大于 1 的 1 个成分，能够解释总方差 80.576%，具体情况见表 5－14。

表 5－13　环境动态性的 KMO 和 Bartlett 球形检验

		环境动态性
KMO		0.906
Bartlett 球形度检验	近似卡方值	913.509
	自由度	10
	显著性水平	0.000
主因子的特征值		4.029
方差累计贡献率		80.576%

表 5－14　环境动态性的主成分分析

成分	初始情况			旋转情况		
	特征值	方差%	积累%	特征值	方差%	积累%
1	4.029	80.576	80.576	4.029	80.576	80.576
2	0.295	5.899	86.475			

成分	初始情况			旋转情况		
	特征值	方差%	积累%	特征值	方差%	积累%
3	0.265	5.304	91.779			
4	0.207	4.150	95.928			
5	0.204	4.072	100.000			

环境竞争性变量的 KMO 为 0.707，Bartlett 球形检验 χ^2 值 218.976，显著性水平 0.000，表明可以进行因子分析，具体环境竞争性的 KMO 和 Bartlett 球形检验见表 5 - 15。进一步对环境竞争性进行主成分分析，萃取出特征值大于 1 的 1 个成分，能够解释总方差 72.737%，具体情况见表 5 - 16。

表 5 - 15　环境竞争性的 KMO 和 Bartlett 球形检验

		环境竞争性
KMO		0.707
Bartlett 球形度检验	近似卡方值	218.976
	自由度	3
	显著性水平	0.000
主因子的特征值		2.182
方差累计贡献率		72.737%

表 5 - 16　环境竞争性的主成分分析

成分	初始情况			旋转情况		
	特征值	方差%	积累%	特征值	方差%	积累%
1	2.182	72.737	72.737	2.182	72.737	72.737
2	0.472	15.733	88.470			
3	0.346	11.530	100.000			

5.3　相关分析

本书运用 SPSS21.0 对研究变量作均值及相关分析，初步验证所提出的研究假设。由表 5 - 17 可知，组织学习、知识积累、环境动态性与环境竞争性均值在 4.37～4.84 之间，即调查样本的企业组织学习、知识积累处于较好水平，环境动态性与环境竞争性也符合高新技术企业实际情况，好于预期。双元创新平衡性为 0.82，处于良好水平，表明高新技术企业能够较好的平衡好两类创新。双元创新互补性为0.41,反映了两种创新之间相互促进、相互合作的效果不太理想。双元创新协同性为0.62,处于一般水平,主要是由于双元创新平衡性维度较好,双元创新互补性维度较差,两者综合所致。由Pearson系数可知,组织学习与知识积累、双元创新平衡性、双元创新互补性和双元创新协同性之间的相关系数分别为($r=0.330,P<0.01$)、($r=0.243,P<0.01$)、($r=0.310,P<0.01$)和($r=0.349,P<0.01$)均存有显著正向关系,初步验证了组织学习对知识积累、双元创新平衡性、双元创新互补性和双元创新协同性均具有显著的正向影响。知识积累与双元创新平衡性、双元创新互补性和双元创新协同性相关系数分别为($r=0.563,P<0.01$)、($r=0.256,P<0.01$)和($r=0.484,P<0.01$),均存有显著正向关系,初步证实了知识积累对双元创新平衡性、双元创新互补性及双元创新协同性具有显著的正向影响。此外,表5-17中三个因变量双元创新协同性、双元创新平衡性及双元创新互补性之间的系数虽存在大于临界值0.65的情况,但在后面的研究模型中,并不研究双元创新协同性、双元创新平衡性、双元创新互补性3个因变量之间的关系。而控制变量、自变量、中介变量、调节变量和因变量之间的相关系数均低于临界值0.65,初步表明本研究不易受多重共线性影响[31]。

表5-17 变量的相关系数

变量	均值	标准差	1	2	3	4	5	6	7	8
1	2.41	0.53	1.00							
2	5.34	1.09	0.659**	1.00						
3	4.52	0.62	0.112	0.148*	1.00					
4	4.84	0.84	0.015	0.013	0.330**	1.00				
5	4.37	0.95	0.034	0.134*	0.522**	−0.252**	1.00			
6	4.59	0.93	0.034	0.035	0.404**	−0.074	0.707**	1.00		
7	0.82	0.12	0.034	−0.023	0.243**	0.563**	−0.578**	−0.338**	1.00	
8	0.41	0.15	−0.023	−0.081	0.310**	0.256**	−0.011	−0.024	0.286**	1.00
9	0.62	0.11	0.003	−0.069	0.349**	0.484**	−0.320**	−0.200**	0.741**	0.855**

注:(1)①为企业年龄,②为企业规模,③组织学习,④知识积累,⑤环境竞争性,⑥环境动态性,⑦双元创新平衡性,⑧双元创新互补性,⑨双元创新协同性;(2)* $p<0.05$,** $p<0.01$,*** $p<0.001$,下同。

5.4 多元回归分析

5.4.1 组织学习与双元创新协同性及其维度关系回归检验

表5-18中的自变量对因变量的检验均由两个步骤组成,步骤1是控制变量对因变

量的影响,步骤 2 是自变量对因变量的影响。在检验的模型 1~模型 3 中,$D-W$ 值均接近 2,VIF 值均小于 3,表明研究变量之间不存在多重共线性和自相关。模型 1~模型 3 中,步骤 1 中的控制变量系数均不显著,说明企业年龄和企业规模均不影响研究结果,就控制变量系数的来看,企业规模与双元创新协同性、双元创新平衡性及双元创新互补性的回归系数分别为($\beta=-0.125$,$P=0.168$)、($\beta=-0.082$,$P=0.372$)和($\beta=-0.116$,$P=0.203$),即回归系数均为负数,但不显著。回归系数为负数的原因有可能是企业规模的增长,因路径依赖性将有可能沿先前的创新轨道专注于单一的技术创新类型,不利于两类创新的平衡、互补以及协同,但这种影响尚未达到显著水平。由模型 1 可知,组织学习的回归系数为($\beta=0.366$,$P<0.001$),即组织学习与双元创新协同性正相关,即假设 H_1 得到证实,组织学习与双元创新协同性关系模型见图 5-4。由表 5-18 中模型 2 可知,组织学习的回归系数为($\beta=0.251$,$P<0.001$),即组织学习与双元创新平衡性正相关,假设 H_{1a} 得到证实。由表 5-18 中模型 3 可知,组织学习的回归系数为($\beta=0.329$,$P<0.001$),即组织学习与双元创新互补性成正相关,假设 H_{1b} 得到证实,组织学习与双元创新协同性维度关系模型如图 5-5 所示。在表 5-18 中,加入自变量组织学习后模型的方差解释力 R^2 分别为 0.140、0.067 和 0.114,即加入组织学习后对双元创新协同性、双元创新平衡性和双元创新互补性的解释能力达到 14.0%,6.7% 和 11.4%,表明加入组织学习后对双元创新协同性、双元创新平衡性和双元创新互补性的解释能力均相对较小,可能的原因在于影响双元创新协同性及其维度的因素较多,组织学习仅是其中的一个因素;而单纯就 R^2 较小而论,学者郭志刚[291]指出:显著性水平较高的情况下,R^2 值可不做限定。

表 5-18　组织学习与双元创新协同性及其维度回归分析

变量	模型 1 双元创新协同性		模型 2 双元创新平衡性		模型 3 双元创新互补性	
	步骤 1	步骤 2	步骤 1	步骤 2	步骤 1	步骤 2
1	0.085	0.076	0.088	0.082	0.054	0.046
2	−0.125	−0.174	−0.082	−0.115	−0.116	−0.159
3		0.366***		0.251***		0.329***
4	0.009	0.140	0.005	0.067	0.008	0.114
5	0.000	0.128	−0.004	0.053	−0.001	0.101
6		0.131		0.062		0.106
7	0.953	11.446***	0.527	5.026**	0.869	9.024***
8	1.686		1.694		1.667	
9	1.785					

注:①企业年龄;②企业规模;③组织学习;④R^2;⑤调整后的 R^2;⑥R^2;变化;⑦F 值;⑧$D-W$;⑨最大 VIF 值。

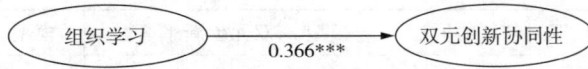

图 5-4 组织学习与双元创新协同性关系模型

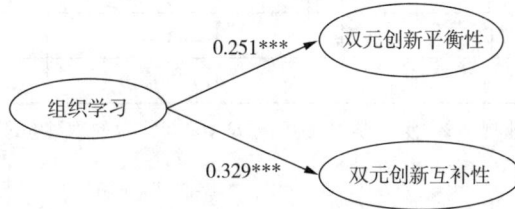

图 5-5 组织学习与双元创新协同性维度关系模型

5.4.2 组织学习交互对双元创新协同性及其维度回归检验

表 5-19 中模型 1~模型 3 检验了组织学习交互对双元创新协同性及其两个维度（双元创新平衡性与双元创新互补性）的影响，检验模型均分为两个步骤，步骤 1 是控制变量对因变量的影响，步骤 2 是自变量对因变量的影响。组织学习交互采用探索性学习与应用性学习乘积来表示。在表 5-19 中的三个模型中，$D-W$ 值均接近 2，VIF 值均小于 2，表明研究变量之间不存在多重共线性和自相关；控制变量系数均不显著，说明企业年龄和企业规模不影响研究结果。由模型 1 中步骤 2 可知，组织学习交互的回归系数为（$\beta=0.363, P<0.001$），即组织学习交互与双元创新协同性正相关，即假设 H_2 得到证实，这意味着探索性学习与应用性学习的共同作用对双元创新协同性有显著的正向影响。由模型 2 中步骤 2 可知，组织学习交互的回归系数为（$\beta=0.251, P<0.001$），即组织学习交互与双元创新平衡性正相关，表明了探索性学习与应用性学习的共同作用对于双元创新平衡性有显著的正向影响，即 H_{2a} 得到证实。由模型 3 中步骤 2 可知，组织学习交互的回归系数为（$\beta=0.324, P<0.001$），即组织学习交互与双元创新互补性具有正向关系，表明了探索性学习与应用性学习的共同作用对于双元创新互补性有显著的正向影响，H_{2b} 得到证实。

表 5-19 组织学习交互对双元创新协同性及其维度回归检验

变量	模型 1：双元创新协同性		模型 2：双元创新平衡性		模型 3：双元创新互补性	
	步骤 1	步骤 2	步骤 1	步骤 2	步骤 1	步骤 2
1	0.085	0.074	0.088	0.080	0.054	0.044
2	−0.125	−0.171	−0.082	−0.113	−0.116	−0.157
3		0.363***		0.251***		0.324***
4	0.009	0.138	0.005	0.067	0.008	0.111
5	0.000	0.126	−0.004	0.054	−0.001	0.098

（续表）

变量	模型1：双元创新协同性		模型2：双元创新平衡性		模型3：双元创新互补性	
	步骤1	步骤2	步骤1	步骤2	步骤1	步骤2
6		0.129		0.062		0.103
7	0.953	11.247***	0.527	5.032**	0.869	8.778***
8	1.683		1.694		1.662	
9			1.783			

注：①企业年龄；②企业规模；③组织学习交互；④R^2；⑤调整后的R^2；⑥R^2变化；⑦F值；⑧$D-W$；⑨最大VIF值。

5.4.3 组织学习、知识积累和双元创新协同性之间关系的回归检验

在进行中介效应检验前，先构建本研究中介效应图（图5-6）。本研究基于Baron&Kenny(1986)[287]提出的中介效应检验方法，采用多元回归法验证知识积累在组织学习与双元创新协同性（含双元创新平衡性、双元创新互补性）之间的中介效应。检验具体步骤如下：(1)以双元创新协同性、双元创新平衡性、双元创新互补性分别作为因变量，组织学习作为自变量来做回归分析。(2)以知识积累作为因变量，组织学习作为自变量进行回归分析。(3)以双元创新协同性、双元创新平衡性和双元创新互补性分别为因变量，组织学习和知识积累作为自变量进行回归分析，具体见表5-20、表5-21和表5-22。中介效应检验按照上述三个步骤进行，为防止多重共线性干扰，先对所有模型的$D-W$值、VIF值进行计算，结果表明$D-W$值均接近2，VIF值均小于1.8，表明研究变量之间不存在多重共线性。下面具体分析知识积累分别在组织学习与双元创新协同性、双元创新平衡性和双元创新互补性之间的中介作用。

由表5-20可知，组织学习对双元创新协同性的回归系数为（$\beta=0.366,P<0.001$），组织学习对知识积累的回归系数为（$\beta=0.335,P<0.001$），表明组织学习对知识积累具有正向影响，假设H_3得证。模型3中同时加入自变量组织学习和中介变量知识积累后，组织学习系数从（$\beta=0.366,P<0.001$）变为（$\beta=0.229,P<$

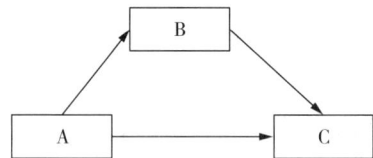

图5-6 中介效应路径图

0.001），可知知识积累在组织学习与双元创新协同性之间起部分中介作用，H_4得到证实，中介效应模型见图5-7。

由表5-21可知，组织学习对双元创新平衡性的回归系数为（$\beta=0.251,P<0.001$），组织学习对知识积累的回归系数为（$\beta=0.335,P<0.001$），模型3中同时加入自变量组织学习和中介变量知识积累后，组织学习的回归系数从（$\beta=0.251,P<0.001$）变为（$\beta=0.070,P>0.5$），可知知识积累在组织学习与双元创新平衡性之间起完全中介作用，H_{4a}得到证实，中介效应模型见图5-8。

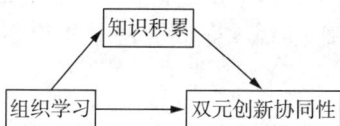

图 5-7　组织学习、知识积累、
双元创新协同性的中介效应模型

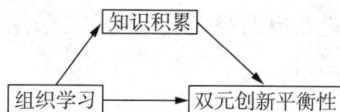

图 5-8　组织学习、知识积累、
双元创新平衡性的中介效应模型

由表 5-22 可知,组织学习对双元创新互补性的回归系数为($\beta=0.329,P<0.001$),组织学习对知识积累的系数为($\beta=0.335,P<0.001$),模型 3 中同时加入自变量组织学习和中介变量知识积累后,组织学习系数从($\beta=0.329,P<0.001$)变为($\beta=0.273,P<0.001$),可知知识积累在组织学习与双元创新互补性之间起部分中介作用,H_{4b} 得到证实,中介效应模型见图 5-9。

图 5-9　组织学习、知识积累、
双元创新互补性的中介效应模型

表 5-20　组织学习、知识积累与双元创新协同性回归分析

变量	模型 1	模型 2	模型 3	中介效应
组织学习	0.366***	0.335***	0.229***	
知识积累			0.409***	
R^2	0.140	0.110	0.289	
调整后的 R^2	0.128	0.097	0.276	部分中介
R^2 变化	0.131	0.110	0.280	
F	11.466***	8.687***	21.350***	

表 5-21　组织学习、知识积累与双元创新平衡性回归分析

变量	模型 1	模型 2	模型 3	中介效应
组织学习	0.251***	0.335***	0.070	
知识积累			0.540***	
R^2	0.067	0.110	0.326	
调整后的 R^2	0.053	0.097	0.313	完全中介
R^2 变化	0.062	0.110	0.321	
F	5.026**	8.687***	25.430***	

表 5-22　组织学习、知识积累与双元创新互补性回归分析

变量	模型 1	模型 2	模型 3	中介效应
组织学习	0.329**	0.335***	0.273***	
知识积累			0.167*	
R^2	0.114	0.110	0.139	
调整后的 R^2	0.101	0.097	0.122	部分中介
R^2 变化	0.106	0.110	0.131	
F	9.024***	8.687***	8.447***	

为验证知识积累在组织学习与双元创新协同性(含双元创新平衡性、双元创新互补性)之间中介效应的稳健性,本研究采用 Sobel 检验和 Bootsrap 方法对知识积累中介作用作进一步分析:

Sobel 计算公式 $Z=\dfrac{a'b'}{\sqrt{a'^2 s_b^2+\dfrac{b'^2}{s_a^2}}}$,其中 a' 和 b' 对应的标准化回归系数 a、b、s_a、s_b 分别

对应标准误差。在 Sobel 检验中,Z 临界值为 0.970,即当 Z 值大于 0.970 时,中介效应显著。表 5-23 所示 Sobel 检验结果 Z 值分别为 4.418、2.231 和 4.022,Z 值均大于 0.970,表明知识积累在组织学习与双元创新协同性、双元创新平衡性以及双元创新互补性之间存在中介作用。此外,采用 Bootsrap 分析将样本量设置为 5000,置信区间的置信水平设置为 95%,检验结果如表 5-23 所示。组织学习→知识积累→双元创新平衡性的间接效应为 0.0337,$P<0.01$,置信区间为[0.0205,0.0515],间接区间不包含 0,表明知识积累在组织学习与双元创新平衡性之间存在中介效应。此外,控制中介变量知识积累后,组织学习对双元创新平衡性的直接效应置信区间为(-0.0100,0.0345),区间包含 0,即直接效应不存在,表明知识积累在组织学习与双元创新平衡性之间起完全中介作用。组织学习→知识积累→双元创新互补性的间接效应为 0.0138,$P<0.01$,置信区间为[0.0033,0.0273],组织学习→知识积累→双元创新协同性的间接效应为 0.0238,$P<0.01$,置信区间为[0.0136,0.0387],以上间接效应的置信区间均不包含 0,即知识积累能够中介组织学习与双元创新互补性以及双元创新协同性之间的关系。控制中介变量知识积累后,组织学习对双元创新互补性、双元创新协同性的直接效应置信区间分别为(0.0290,0.0945)、(0.0157,0.0583),区间均不包含 0,且均显著($P<0.001$),即直接效应存在,知识积累在组织学习与双元创新互补性、双元创新协同性之间起部分中介作用。

表 5-23　知识积累中介效应的稳健性检验(N=5000)

路径	SOBEL 检验 Z 值	效应值	BOOTSE	BOOT LLCI	BOOT ULCI
组织学习→知识积累→双元创新平衡性	4.418***	0.0337	0.0079**	0.0205	0.0515
组织学习→知识积累→双元创新互补性	2.231*	0.0138	0.0060**	0.0033	0.0273
组织学习→知识积累→双元创新协同性	4.022***	0.0238	0.0062**	0.0136	0.0387

5.4.4　环境动态性与环境竞争性对组织学习与双元创新协同性的调节效应分析

表 5-24 中模型 1 至模型 4 中,$D-W$ 值均接近 2,VIF 值均小于 2,表明研究变量不存在多重共线性和自相关,且环境动态性(环境竞争性)与组织学习交互前均进行了中心化处理,避免多重共线性。由模型 3 可知,组织学习与环境动态性的交互项系数($\beta=-0.051$,$P>0.05$),即环境动态性对组织学习与双元创新协同性的调节作用未能通过检验,即 H_5 未能证实。由模型 4 可知,组织学习与环境竞争性的交互项系数($\beta=-0.106$,

$P<0.05$），即环境竞争性在组织学习与双元创新协同性之间起负向调节作用，即假设 H_6 未能够得到证实，实证结论与研究假设正好相反，调节效应见图 5-10。

表 5-24　环境动态性与环境竞争性在组织学习与双元创新协同性的调节效应回归分析

	双元创新协同性			
	模型 1	模型 2	模型 3	模型 4
1	0.085	0.076	0.084	0.003
2	−0.125	−0.174	−0.189	−0.083
3		0.366***	0.543***	0.746***
4			−0.422***	
5			−0.051	
6				−0.713***
7				−0.106*
8	0.009	0.140	0.284	0.485
9	0.000	0.128	0.267	0.473
10		0.131	0.144	0.345
11	0.953	11.446***	16.611***	39.437***
12	1.809			

注：①企业年龄；②企业规模；③组织学习；④环境动态性；⑤环境动态性×组织学习；⑥环境竞争性；⑦环境竞争性×组织学习；⑧R^2；⑨调整后的 R^2；⑩R^2 变化；⑪F 值；⑫最大 VIF 值。

5.4.5　环境动态性与环境竞争性对组织学习与双元创新协同性维度的调节效应分析

表 5-25 中模型 1 至模型 8 中，$D-W$ 值均接近 2，VIF 值均小于 2，表明研究变量不存在多重共线性和自相关。为避免多重共线性，环境动态性（环境竞争性）与组织学习交互前同样进行了中心化处理，模型 3 的交互项系数为（$\beta=0.138,P<0.5$），表明环境动态性在组织学习与双元创新平衡性之间的正向调节效应通过检验，即 H_{5a} 得到证实，调节效应见图 5-11 所示。模型 4 中，交互项系数为（$\beta=0.049,P>0.05$），即环境竞争性对组织学习与双元创新平衡性的关系具有正向调节效应未通过检验，即假设 H_{6a} 不成立。

表 5-25　环境动态性与环境竞争性在组织学习与双元创新协同性维度的调节效应回归分析

	双元创新平衡性				双元创新互补性			
	模型 1	模型 2	模型 3	模型 4	模型 5	模型 6	模型 7	模型 8
1	−0.088	0.082	0.072	−0.026	0.054	0.046	0.064	0.024
2	−0822	−0.115	−0.123	0.012	−0.016	−0.159	−0.175	−0.128
3		0.251***	0.441***	0.738***		0.329**	0.434***	0.495***
4				−0.498			−0.217**	

（续表）

	双元创新平衡性				双元创新互补性			
	模型 1	模型 2	模型 3	模型 4	模型 5	模型 6	模型 7	模型 8
5			0.138*				−0.179**	
6				−0.956***				−0.279***
7				0.049				−0.189**
8	0.005	0.067	0.315	0.744	0.008	0.114	0.172	0.184
9	−0.004	0.053	0.299	0.738	−0.001	0.101	0.153	0.164
10		0.062	0.248	0.677		0.106	0.058	0.07
11	0.527	5.026**	19.219***	121.642***	0.869	9.024**	8.705***	9.407***
12				1.809				

注：①企业年龄；②企业规模；③组织学习；④环境动态性；⑤环境动态性×组织学习；⑥环境竞争性；⑦环境竞争性×组织学习；⑧R^2；⑨调整后的 R^2；⑩R^2变化；⑪F 值；⑫最大 VIF。

模型 7 的交互项系数为（$\beta = -0.179, P < 0.01$），即环境动态性在组织学习与双元创新互补性之间起负向调节作用，实证结论与原假设相反，即原假设 H_{5b} 未能通过检验，环境动态性对组织学习与双元创新互补性的关系的负向调节效应如图 5-12 所示。由模型 8 中的交互项系数为（$\beta = -0.189, P < 0.01$）可知，环境竞争性在组织学习与双元创新互补性之间有负向调节效应，实证结论与原假设相反，即原假设 H_{6b} 未通过检验。环境竞争性在组织学习与双元创新互补性之间的负向调节效应见图 5-13。

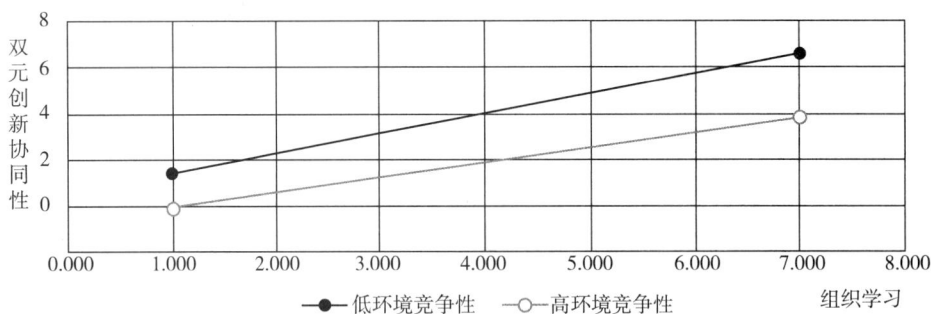

图 5-10　环境竞争性对组织学习与双元创新协同性调节效应图

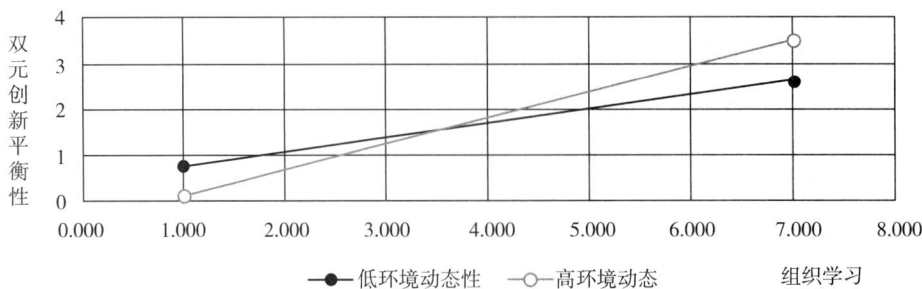

图 5-11　环境动态性对组织学习与双元创新平衡性的调节效应图

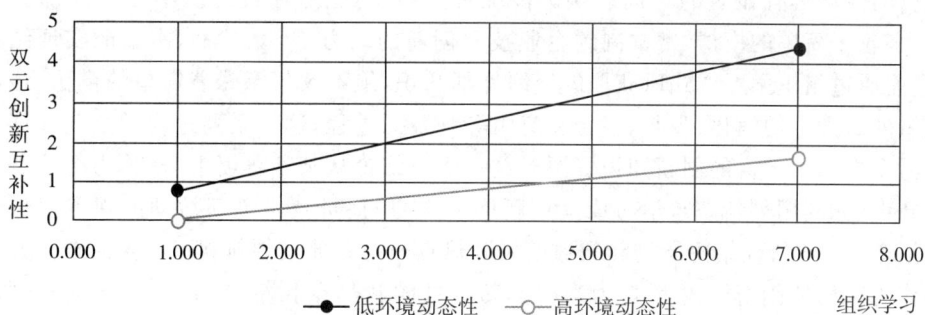

图 5－12　环境动态性对组织学习与双元创新互补性调节效应图

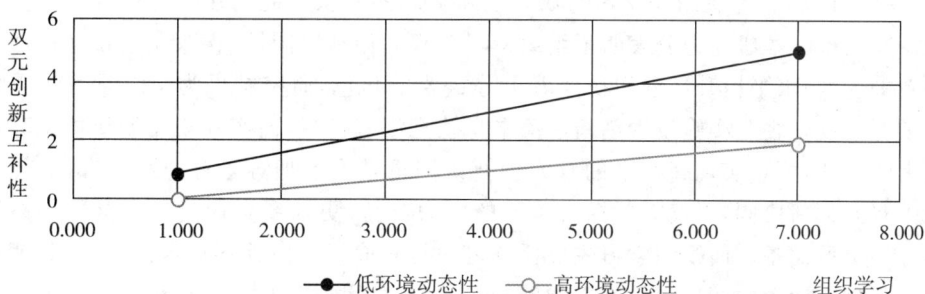

图 5－13　环境竞争性对组织学习与双元创新互补性的调节效应图

5.5　实证研究结果讨论

　　双元创新理论研究受到学术界的广泛关注,但涉及双元创新平衡性与双元创新互补性方面的文献"寥若晨星"。组织学习与双元创新之间的关系虽得到了系统的研究,研究结论也基本一致,但组织学习与双元创新协同性、双元创新平衡性以及双元创新互补性之间的关系至今仍不清楚。本研究不仅洞悉了双元创新协同性(含双元创新平衡性和双元创新互补性 2 个维度)的前因变量(组织学习)、组织环境情境(含环境竞争性和环境动态性)作为组织学习与双元创新协同性及其维度的调节变量,同时验证了知识积累在组织学习与双元创新协同性、双元创新平衡性和双元创新互补性之间的中介作用。通过215 份高新技术企业样本进行了实证检验,结果证实了组织学习、知识积累与双元创新协同性及其维度之间的关系,并检验了环境动态性、环境竞争性在组织学习与双元创新协同性及其维度之间的调节效应,从而揭开了组织学习作用双元创新协同性、双元创新平衡性和双元创新互补性的过程黑箱,丰富了双元创新协同发展理论,具体研究结果讨论如下:

　　(1)组织学习对双元创新协同性及其维度的影响

　　组织学习与双元创新协同性及其维度之间的关系,与前面的理论分析结论相一致,即组织学习(含探索性学习和应用性学习)对双元创新平衡性、双元创新互补性以及双元创新协同性均具有显著的正向影响。传统观点指出,企业通过组织学习从外部获取知识,大多属于简单的模仿,常常制约企业技术创新的动力[202]。然而,本书的实证结果表明,企业通过组织学习方式所获取的组织外部知识,绝不仅仅意味着简单的模仿,还涉及对组织外部知识的消化、吸收、整合和应用等一系列过程,这一系列过程为企业开展技术创新活动提供了丰富的创新知识资源。这一研究结论从某种程度上来说,为企业获取组织间知识(如利用创新联盟学习或者创新网络学习)促进技术创新活动的观点提供了实证证据[292]。该研究结论同创新领域的研究热点——开放式创新观点不谋而合。开放式创新作为全新的创新模式[293],为当前创新领域的新热点和新趋势[293]。开放式创新高度重视组织外部技术(或知识)资源的重要性,认为丰富的组织外部知识不仅能够有效地拓宽了企业的知识边界,还能够为技术创新活动提供新观点、新思想和新机会[293]。此外,许晖(2013)[183]有关组织学习与双元创新之间的关系研究也在一定程度上支持了本书的研究结论。本研究充分表明了组织学习在双元创新协同性(含双元创新互补性及双元创新平衡性)水平提升过程中扮演着十分重要的角色,研究结果为组织学习的重要性增加了可信度。企业实施技术创新活动本身就充满着挑战,而实施双元创新将意味着面临更大的挑战,要想实现高水平的双元创新协同更是难上加难。对企业而言,要想实现高水平双元创新协同,不仅需要拥有丰厚的财力支持,更需要企业具备丰富的创新知识(或技术)资源储备。而组织学习主要任务之一是获取组织内外部技术创新知识,能够为企业双元创新活动的开展提供有力的创新知识(或技术)资源支持,组织学习能力的提升对促进企业技术创新活动具有十分重要的作用。此外,组织学习能够促进双元创新平衡性和双元创新互补性的一个重要原因在于组织学习获取的内外部知识不仅有助于开阔技术创新思路,还有助于丰富组织技术创新知识库,缓解实施双元创新活动面临的创新知识资源不足的窘境,为实现高水平的双元创新平衡性与双元创新互补性奠定较好的创新知识基础。对于实施双元创新的企业而言,探索性学习能够避免核心技术刚性,应用性学习能够改进企业当前产品与技术,即应用性学习和探索性学习两者不可或缺。因此,企业应该注重探索性学习能力和应用性学习能力的培育,以期为实现"双高"水平的双元创新创造有利条件。

(2)组织学习交互对双元创新协同性及其维度的影响

就组织学习(作为前因变量)与双元创新(作为后果变量)之间的关系研究而言,较多的是关注的是组织学习的维度(探索性学习、应用性学习)对双元创新及其维度(渐进性创新、突破性创新)的影响,而未能涉及组织学习及其两个维度之间的交互作用对双元创新平衡性、双元创新互补性及双元创新协同性之间的关系研究。本研究指出组织学习交互对双元创新平衡性、双元创新互补性及双元创新协同性均具有显著的正向影响,即探索性学习与应用性学习共同作用对双元创新平衡性、双元创新互补性以及双元创新协同性均具有显著的正向影响。作为双元创新协同性的重要前因变量组织学习(含探索性学习、应用性学习两类学习),两类学习之间的交互效应(共同作用)均能够促进双元创新平衡性(水平)、双元创新互补性(水平)和双元创新协同性(水平)的提高,这充分体现了组织学习以及组织学习两个维度之间的交互对双元创新协同性及其维度双元创新平衡性和双元创新互补性具有重要促进作用。考虑到探索性学习和应用性学习的不同特点,企业开展组织学习,往往需要在探索性学习和应用性学习之间进行权衡取舍。为更好地发挥企业组织学习的效果,促进高水平双元创新协同发展,企业应高度重视探索性学习和应用性学习两者之间的交互作用,充分发挥探索性学习和应用性学习各自的优势,在企业内部实现探索性学习和应用性学习之间的联动效应。就企业组织学习而言,单一的探索性学习或者应用性学习均存在一定的弊端,只有将探索性学习和应用性学习两者有机地结合起来,注重两类学习之间的互补与匹配,才能够突破企业实施双元创新所面临的创新知识资源瓶颈,获取开展双元创新活动所需的各类知识资源。实证结果表明:企业能够将探索性学习和应用性学习的优势很好地结合起来,充分发挥探索性学习、应用性学习以及探索性学习与应用性学习两者之间的交互作用,进而有利于促进企业双元创新协同性(水平)、双元创新平衡性(水平)以及双元创新互补性(水平)的提升。

(3)环境动态性与环境竞争性的调节作用

环境动态性在组织学习与双元创新平衡性之间起正向调节作用,即环境动态性水平越高,组织学习对双元创新平衡性的正向影响越强。动态环境下,技术应用与更新的速度加快,新产品和新技术的寿命周期较短,对技术创新能力与技术创新知识资源的要求也更高,企业为更好地适应动态的组织外部环境,将充分利用组织学习获取有价值的外部创新知识资源,实现技术创新知识积累,有效缓解动态环境下企业同时实施两类创新活动所面临的创新知识资源困境,从而有利于两类创新活动之间的相互平衡。从本研究所采集的高新技术企业样本数据来看,双元创新平衡性水平为 0.82,表明了两类创新的平衡性水平处于比较理想的状态,进一步表明所研究的高新技术企业具有较好地平衡两类技术创新活动的能力,对于企业面临高度动态的环境背景下,企业平衡两类创新能力的重要性得到进一步凸显,研究样本反映的高新技术企业具有较好的双元创新平衡能力得到了进一步验证。动态环境下,企业为了获得可持续发展,将会通过有效地组织学习实现较高水平的双元创新平衡性。环境动态性在组织学习与双元创新互补性之间起负向调节作用,与本书研究假设(正向调节作用)正好相反。可能的原因在于动态环境下,企业虽能通过组织学习实现两类创新活动之间较好地平衡,但面临动态的组织外部环境,需要企业具备较好地学习转换机制才能够有助于两类创新活动之间的相互促进。然而,就本研究所调研的高新技术企业而言,双元创新互补性总体水平为 0.41,表明了两类创新互补性处于较低水平,即两类创新之间相互促进的整体水平较差,尚未能建立较好地学习转换机制。动态环境背景下,缺乏较好地学习转换机制的弊端将进一步凸显,不利于两类创新之间的相互促进,这意味着,环境动态性水平越高,组织学习对双元创新互补性的正向影响将被弱化,从而不利于双元创新互补性(水平)的提升。

环境竞争性在组织学习与双元创新协同性以及双元创新互补性之间均起负向调节作用,此实证结论正好与环境竞争性对于组织学习与双元创新协同性及双元创新互补性之间的关系起正向调节作用的初始研究假设相反,可能的原因在于,高度竞争的外部环境背景下,常常导致整个行业将面临重新洗牌,企业之间面临的竞争将更加激烈,通过组织学习获取外部知识的难度也在加大,导致通过组织间学习实现创新知识积累的可能性随之下降,即高度竞争的外部环境使得企业之间的"竞合"关系更多地转向"竞争"关系。不利于组织从外部获取创新活动所需的知识资源,不利于组织间的创新知识积累,从而不利于双元创新协同性(水平)与双元创新互补性(水平)的提升。从研究采集的样本数据来看,双元创新互补性水平为 0.41,处于较低水平,双元创新协同性水平为 0.61,处于一般水平,故高新技术企业两类创新互补性水平和双元创新协同性水平均未达到理想水平,表明了两类创新之间还无法实现有效融合与高效协同。面临竞争的环境背景下,既缺乏实现两类创新活动之间有效融合的情境,也缺乏双元创新高效协同的有利情境,从而不利于双元创新互补性与双元创新协同性的提升。

总之,企业应该根据不同的外部环境情境水平(环境动态性水平和环境竞争性水平),科学地调整实施双元创新平衡性、双元创新互补性及双元创新协同性等目标。具体而言,对实施双元创新协同的企业来说,环境动态性水平较高时,企业应该通过组织学习实现两类创新之间灵活切换,达到提升双元创新平衡性水平,而动态性环境水平较低时,企业应该通过加强组织学习,努力实现两类创新之间的知识融合与有效互动,提高双元创新互补性水平;环境竞争性水平较低时,企业应该充分利用组织学习实现两类创新之间的知识融合及高效协同,即提升双元创新互补性(水平)与双元创新协同性(水平)。此外,该研究结论还表明忽视企业外部环境情境因素(环境动态性、环境竞争性),而单独考察组织学习与双元创新协同性及其维度双元创新平衡性和双元创新互补性之间的关系,将容易导致错误的结论。

(4)知识积累的中介作用

知识积累在组织学习与双元创新协同性、双元创新互补性之间起部分中介作用,在组织学习与双元创新平衡性之间起完全中介作用。这说明组织学习对双元创新协同性、双元创新互补性的影响部分是通过知识积累来实现的,组织学习对双元创新平衡性是完全通过知识积累来实现的,研究结论充分反映了知识积累既有助于双元创新平衡性,也有助于双元创新互补性及双元创新协同性。这也充分表明知识积累在组织学习与双元创新协同性、双元创新平衡性和双元创新互补性之间不可或缺。开展组织学习的企业需要通过高效的知识积累,为双元创新提供丰富的创新知识资源,为双元创新的匹配及互补提供充足地技术创新知识资源储备。通过内部知识创造与外部知识获取,实现创新知识积累,破解高新技术企业同时实施双元创新所面临创新资源不足的困境,提升组织双元创新协同性(水平)、双元创新平衡性(水平)和双元创新互补性(水平)。此外,中介效应表明了组织学习对双元创新协同性及其维度作用的充分发挥依赖于组织中的知识积累水平,具有较强知识积累能力的企业,组织学习对双元创新协同性及其维度的积极作用将会发挥得更加充分。因此,知识积累在组织学习与双元创新协同性及其维度之间的中介作用不容忽视。具体研究结论见表 5-26。

5.6   本章小结

本章在第四章提出的研究假设与概念模型的基础上,通过问卷调查收集到 215 份有效问卷,利用 SPSS21.0 统计软件,对上述问卷中的样本数据进行了统计分析,检验了有关变量测量量表的信度和效度,检验了本书提出的研究假设和概念模型,进而检验了组织学习、知识积累与双元创新协同性及其维度之间关系的整体研究模型。该模型比较科学地阐述组织学习、知识积累、环境动态性、环境竞争性和双元创新协同性(含双元创新平衡与双元创新互补性)之间的关系,不仅具有一定的理论意义和学术价值,还具有一定的现实意义。

实证研究结果表明:本书提出的 16 个研究假设中,11 个通过了验证,2 个支持反向结论,3 个未经证实。具体研究实证结果如下:组织学习以及两类学习之间的交互对双元创新协同性、双元创新平衡性和双元创新互补性均具有显著的正向影响,组织学习有利于企业知识积累,知识积累在组织学习与双元创新协同性、双元创新互补性之间均起部分中介作用,在组织学习与双元创新平衡性之间起完全中介作用。环境动态性正向调节组织学习与双元创新平衡性的关系,负向调节组织学习与双元创新互补性的关系。环境竞争性负向调节组织学习与双元创新协同性及双元创新互补性之间的关系。

表 5-26　本书研究结论

序号	研究假设	结论
1	H_1组织学习与企业双元创新协同性正相关;	证实
2	H_{1a}组织学习与企业双元创新平衡性正相关;	证实
3	H_{1b}组织学习与企业双元创新互补性正相关;	证实
4	H_2两类组织学习交互对企业双元创新协同性有正向影响;	证实
5	H_{2a}两类组织学习交互对企业双元创新平衡性有正向影响;	证实
6	H_{2b}两类组织学习交互对企业双元创新互补性有正向影响;	证实
7	H_3组织学习与知识积累正相关;	证实
8	H_4知识积累在组织学习与企业双元创新协同性之间起中介作用;	证实
9	H_{4a}知识积累在组织学习与企业双元创新平衡性之间起中介作用;	证实
10	H_{4b}知识积累在组织学习与企业双元创新互补性之间起中介作用;	证实
11	H_5环境动态性正向调节组织学习与企业双元创新协同性的关系;	未证实
12	H_{5a}环境动态性正向调节组织学习与企业双元创新平衡性的关系;	证实
13	H_{5b}环境动态性正向调节组织学习企业与双元创新互补性的关系;	负向调节
14	H_6环境竞争性正向调节组织学习与企业双元创新协同性的关系;	负向调节
15	H_{6a}环境竞争性正向调节组织学习与企业双元创新平衡性的关系;	未证实
16	H_{6b}环境竞争性正向调节组织学习与企业双元创新互补性的关系	负向调节

第六章 基于组织间学习的 企业双元创新协同进化策略

前文的理论分析与实证研究证实了双元创新协同发展的路径,即"组织学习—知识积累—双元创新协同性(含双元创新平衡性与双元创新互补性两个维度)"。由前文的理论分析与实证检验,不难发现,能够将组织学习、知识积累与双元创新协同性及其维度联系起来的关键在于组织中的知识。而组织学习能够实现企业中的创新知识积累,为双元创新协同性、双元创新平衡性以及双元创新互补性水平的提升奠定了知识基础。而就组织中的知识积累而言,既包括组织内学习实现知识积累,也包括组织间学习实现知识积累。对于实施双元创新企业而言,仅靠组织内部知识资源往往较难以满足实施双元创新活动对知识的要求,组织间学习就显得尤为重要。为了更好地满足企业双元创新协同发展对创新知识资源的需求,企业应充分借助组织间学习来满足实施双元创新活动的要求。而创新联盟为组织间学习提供了极佳的平台,为参与联盟企业通过组织间学习实现知识积累提供了重要选择,有助于破解企业实施双元创新所面临的创新知识资源困境。基于此,本章从组织间学习视角入手,将获取组织间知识资源为目标的创新联盟纳入研究,采用进化博弈的方法分析创新联盟间的组织学习行为,以期促进企业实现组织间知识积累,达到提升双元创新协同性水平的目的。

6.1 进化博弈的数学推演

6.1.1 进化博弈选择机制及有效均衡

进化博弈亦称"演化博弈",是基于"有限理性"来进行博弈分析,而博弈参与方学习与策略优化是进化博弈分析的关键。博弈方在理性与学习能力之间存在差异,博弈参与方需要通过不同的选择机制来动态调整博弈策略,泰勒与乔克构建的复制动态方程是普遍选用的选择机制[295]。进化博弈适用于大群体博弈参与方学习速度慢、理性程度低等情况,博弈策略采取渐进性的调整方式,而且并非所有博弈方均同时调整,此时采用复制动态微分方程[296]:

$$\frac{\mathrm{d}x_i(t)}{\mathrm{d}t} = x_i[f(s_i, x) - f(x, x)]$$

该动态微分方程中，t 时刻采用纯策略 i 占群体比例为 x_i，$f(s_i,x)$ 为群体成员采取纯策略收益，$f(x,x)$ 为群体平均期望收益。

6.1.2　二维对称博弈的复制动态和演化稳定策略

对于学习速度较慢、具有有限理性的博弈群体，策略调整过程可以采用复制动态微分方程表示，下文将以两人对称博弈为例，进行复制动态与进化稳定策略推演。

在上述两人对称博弈群体中，群体成员随机两两配对博弈，见表 6-1，采取 P 策略的博弈方占群体比例为 p，采取 Q 策略的博弈方占群体比例为 $1-p$，设博弈方 1 和博弈方 2 的期望收益分为 R_1、R_2，群体平均收益为 $\bar{R}$，则可得：

表 6-1　两人对称博弈支付矩阵

		博弈方 2	
		策略 P	策略 Q
博弈方 1	策略 P	a,a	c,d
	策略 Q	d,c	b,b

$$R_1 = p \times a + (1-p) \times c$$
$$R_2 = p \times d + (1-p) \times b$$
$$\bar{R} = p \times R_1 + (1-p) \times R_2$$

由上述收益，可得采取策略 P 的博弈复制动态为：

$$\frac{\mathrm{d}p}{\mathrm{d}t} = F(p) = p(R_1 - \bar{R}) = p(1-p)[p(a-d)+(1-p)(c-b)]$$
$$= p(1-p)[c-b+(a-d-c+b)p]$$

由 $\frac{\mathrm{d}p}{\mathrm{d}t}=0$，易得该复制动态方程有最多有三个稳定解，分别为

$$p_1^* = 0, p_2^* = 1, p_3^* = \frac{b-c}{a-d-c+b}$$

若 p_3^* 与 p_1^* 或者 p_2^* 相同，或者 p_3^* 不在 $[0,1]$ 时，最多存在两个稳定解。由复制动态方程可知，仅当 $F'(p^*)<0$，该解才是进化稳定策略。

6.1.3　二维非对称博弈的复制动态和进化稳定策略

对于相似博弈方演化情况可采取二维对称博弈来分析，然而，对于博弈参与方来自有差异的群体，须采取二维非对称博弈进行分析。下文以两人非对称博弈进行复制动态与进化稳定策略推演，表 6-2 给出了二维非对称演化博弈的支付矩阵。设博弈方 1 采取

策略 P 概率为 p，采取策略 Q 的概率为 $1-p$，博弈方 2 采取策略 P 的概率为 q，采取策略 Q 的概率为 $1-q$。此时，博弈方 1 采取策略 P、Q 的期望收益 R_{1p}、R_{1Q}，群体平均收益为 $\overline{R}_1$。

表 6-2　两人非对称博弈支付矩阵

		博弈方 2	
		策略 P	策略 Q
博弈方 1	策略 P	a,b	g,h
	策略 Q	c,d	e,f

$$R_{1p}=q\times a+(1-q)\times g$$
$$R_{1Q}=q\times c+(1-q)\times e$$
$$\overline{R}_1=p\times R_{1P}+(1-p)\times R_{1Q}$$

动态复制方程为：

$$\frac{\mathrm{d}p}{\mathrm{d}t}=F(p)=p(R_{1P}-\overline{R_1})$$
$$=p[R_{1P}-pR_{1P}-(1-p)R_{1Q}]$$
$$=p(1-p)(R_{1P}-R_{1Q})$$
$$=p(1-p)[g-e+(a-g-c+e)q]$$

博弈方 2 采取策略 P、Q 的期望收益 R_{2p}、R_{2Q}，群体平均收益为 $\overline{R}_2$。

$$R_{2P}=p\times b+(1-p)\times d$$
$$R_{2Q}=p\times h+(1-p)\times f$$
$$\overline{R}_2=q\times R_{2P}+(1-q)\times R_{2Q}$$

动态复制方程为

$$\frac{\mathrm{d}q}{\mathrm{d}t}=F(q)=q(R_{2p}-\overline{R_2})$$
$$=q[R_{2P}-qR_{2P}-(1-q)R_{2Q}]$$
$$=q(1-q)(R_{2P}-R_{2Q})$$
$$=q(1-q)[d-f+(b-d-h+f)p]$$

对于上述复制动态方程分别进行分析，可以依据雅克比矩阵进行稳定性分析[296]，进而获得两人非对称演化博弈稳定策略。

为了更为直观地反映非对称演化博弈的动态演化情况，以经典非对称鹰鸽博弈为例[295]，博弈支付矩阵见表 6-3。为简单直观起见，对 V_1、V_2 和 C 分别进行赋值，为不失一般性,令 $V_1=12,V_2=8,C=16$,此时的非对策鹰鸽支付矩阵见表6-4。设博弈方1群体中采取"鹰"策略比例为 p,采取"鸽"策略为 $1-p$,设博弈方2群体中采取"鹰"策略比例为 q,采取"鸽"策略为 $1-q$。根据前面的

$$\frac{\mathrm{d}p}{\mathrm{d}t}=p(1-p)[g-e+(a-g-c+e)q]$$

将 $a=-2,b=-4,c=0,d=8,e=6,f=4,g=12,h=0$ 代入,即可得到

$$\frac{\mathrm{d}p}{\mathrm{d}t}=p(1-p)(6-8q)$$

同样,将 $a=-2,b=-4,c=0,d=8,e=6,f=4,g=12,h=0$ 代入

$$\frac{\mathrm{d}q}{\mathrm{d}t}=q(1-q)[d-f+(b-d-h+f)p]$$

即 $\dfrac{\mathrm{d}q}{\mathrm{d}t}=q(1-q)(4-8p)$

表6-3　非对称鹰鸽博弈(一般)

博弈方1	鹰鸽	博弈方2	
		鹰	鸽
		$\dfrac{V_1-C}{2},\dfrac{V_2-C}{2}$	$V_1,0$
		$0,V_2$	$\dfrac{V_1}{2},\dfrac{V_2}{2}$

表6-4　非对称鹰鸽博弈(赋值后)

博弈方1	鹰鸽	博弈方2	
		鹰	鸽
		$-2,-4$	$12,0$
		$0,8$	$6,4$

由博弈方1和博弈方2的动态方程可得雅克比矩阵如下:

$$\boldsymbol{J}=\begin{bmatrix}(1-2p)(6-8q) & -8p(1-p)\\ -8q(1-q) & (1-2q)(4-8p)\end{bmatrix}$$

$$\det\boldsymbol{J}=(1-2p)(6-8q)(1-2q)(4-8p)-64pq(1-p)(1-q)$$

$$\mathrm{tr}\boldsymbol{J}=(1-2p)(6-8q)+(1-2q)(4-8p)$$

由上述分析可知 $(0,1)$ 和 $(1,0)$ 为演化博弈稳定策略,非对称鹰鸽博弈演化分析结果见表6-5,其演化相位图如6-1所示。

表 6-5 非对称鹰鸽博弈局部稳定性分析结果

平衡点(p,q)	$\det J$ 值	$\mathrm{tr}J$ 值	结果
$(0,0)$	24	10	不稳定
$(0,1)$	8	-6	ESS
$(1,0)$	24	-10	ESS
$(1,1)$	8	6	不稳定
$\left(\dfrac{1}{2},\dfrac{3}{4}\right)$	-3	0	鞍点

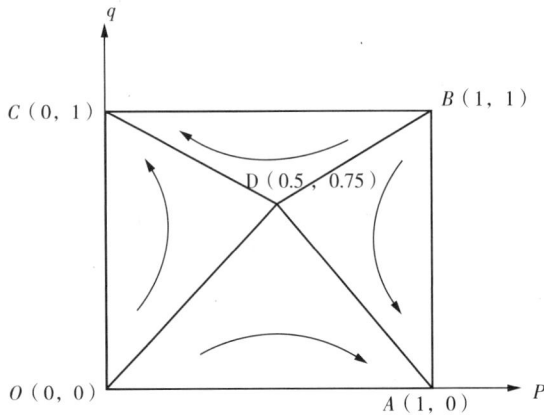

图 6-1 非对称鹰鸽博弈演化相位图

6.2 建模思路与研究假设

以创新联盟作为组织间学习分析对象,在企业创新联盟中,各参与企业拥有的信息往往是不对称的,导致未来的收益同样具有较大的不确定性,各博弈参与方无法一开始就能够确定各自的最优策略选择,因此,考虑到各参与企业的有限理性,选用进化博弈来分析参与创新联盟企业之间的组织间学习行为。为了更好地分析创新联盟中组织间学习进化博弈问题,提出如下研究假设:

(1)参与创新联盟的企业都希望通过组织间学习获取外部创新知识资源,实现组织间创新知识积累,进而促进双元创新协同性水平的提升。考虑到参与创新联盟中的企业之间常常存在既"合作"又"竞争"的关系,既希望通过创新联盟实现知识积累,又担心核心知识外泄,因此,笔者将参与创新联盟中的企业知识合作策略划分为"积极合作"与"消极合作"两种。假设创新联盟中存在两类企业群体:企业 M 和企业 N。在创新联盟进化博弈过程中,每个企业的选择策略均为{积极合作,消极合作}。相比于采取消极合作的企业,采取积极合作的企业将更加信任创新联盟中的合作伙伴,从而将会投入更多的创新知识资源。而采取消极合作的企业仍将投入基本的创新知识资源,此时创新知识资源投入可视作维持创新联盟存在的需要,企业加入创新联盟既可能是迫于短期技术创新活动的需要,甚至还有可能存在一定的投机行为,如以窃取其他企业的创新知识或者技术为目的。因此,本研究认为,选择积极合作的联盟参与企业将会投入额外的创新知识资源,选择消极合作的联盟参与企业仅投入基本的创新知识资源,设企业 M 和企业 N 均采取消极合作,或者一方选择积极合作,而另一方选择消极合作时,仍能够取得的基本合作收益。

(2)企业 M 和企业 N 均选择积极合作时,此时双方选择策略为(积极合作,积极合作),因双方都采取积极合作策略而都将投入额外的创新知识资源,此时创新联盟将获得额外的协同收益为 $\Delta\pi$,企业 M 和企业 N 协同收入按照比例来分配,设分配系数为 α 和 $1-\alpha$,即双方获得的收益分别为 $\pi_1+\alpha\Delta\pi$、$\pi_2+(1-\alpha)\Delta\pi$;企业 M 和企业 N 积极合作时投入的创新知识资源分别为 Q_1、Q_2,设企业 M、企业 N 对对方投入的创新知识资源获取率分别为 α_1、α_2,联盟企业积极合作所支付的总成本为 Δc,企业 M 和企业 N 所支出的成本分别按照比例进行分摊,分摊系数分别为 r 和 $1-r$。此外,本研究还考虑政府对创新活动的支持,给予创新联盟双方均采取积极合作产生创新协同收益的行为进行激励,政府对合作双方均采取积极合作行为时,按照投入的创新知识资源量进行补贴,设补贴系数为 β。

(3)企业 M 和企业 N 双方均选择消极合作时,此时双方选择策略为(消极合作,消极合作),采取此种策略,双方仅能够获得基本的收益为 π_1 和 π_2。

(4)企业 M 或者企业 N 中,若合作双方一方采取积极合作时,另一方采取消极合作时,即双方选择策略为(积极合作,消极合作)或者(消极合作,积极合作)。如企业 M 采取积极合作,企业 N 采取消极合作,即双方选择的策略为(积极合作,消极合作),为鼓励参与联盟企业积极开展合作,对于一方积极投入创新知识资源,而另一方采取消极合作,即不投入额外的创新知识资源情况,对消极合作的参与方予以一定的惩罚,设惩罚金额为 F,采取积极合作方将获得 F 补偿。

6.3 模型求解

假设创新联盟企业 M 选择合作的概率为 p,不合作的概率为 $1-p$,创新联盟企业 N 选择合作的概率为 q,不合作的概率为 $1-q$,其中 p、q 也可以理解为群体博弈中选择合作的比例。根据前面的假设,博弈的收益矩阵见表 6-6。

表 6-6 基于组织学习的(双元)创新联盟博弈的支付情况

		联盟企业 N	
		积极合作(q)	消极合作($1-q$)
联盟企业 M	积极合作(p)	$\pi_1+\alpha\Delta\pi+\alpha_1 Q_2-r\Delta c+\beta Q_1$ $\pi_2+(1-\alpha)\Delta\pi+\alpha_2 Q_1-(1-r)\Delta c+\beta Q_2$	$\pi_1-r\Delta c+F$ $\pi_2-F+\alpha_2 Q_1$
	消极合作($1-p$)	$\pi_1-F+\alpha_1 Q_2$ $\pi_2-(1-r)\Delta c+F$	π_1 π_2

设博弈方 M 选择"积极合作""消极合作"策略的期望收益 $G_P(M),G_I(N)$ 和平均收益 G_M 分别为：

$$G_p(M)=q\times(\pi_1+\alpha\Delta\pi+\alpha_1 Q_2-r\Delta c+\beta Q_1)+(1-q)\times(\pi_1-r\Delta c+F)$$

$$G_I(M)=q\times(\pi_1-F+\alpha_1 Q_2)+(1-q)\times\pi_1$$

$$G_M=p\times G_p(M)+(1-p)\times G_I(M)$$

博弈方 N 选择"积极合作""消极合作"策略的期望收益 $G_p(N),G_I(N)$ 和平均收益 G_N 通过以下三个公式计算：

$$G_p(N)=p\times\{\pi_2+(1-\alpha)\Delta\pi+\alpha_2 Q_1-(1-r)\Delta c+\beta Q_2\}+(1-p)\times\{\pi_2-(1-r)\Delta c+F\}$$

$$G_I(N)=p\times\{\pi_2-F+\alpha_2 Q_1\}+(1-p)\times\pi_2$$

$$G_N=q\times G_p(N)+(1-q)\times G_I(N)$$

创新联盟企业 M 积极合作类型比例的复制动态方程为：

$$\frac{\mathrm{d}p}{\mathrm{d}t}=p(G_p(M)-G_M)=p(1-p)(G_p(M)-G_I(M))$$

$$=p(1-p)\{q(\alpha\Delta\pi+\beta Q_1)-(r\Delta c-F)\} \tag{1}$$

创新联盟企业 N 积极合作类型比例的复制动态方程为：

$$\frac{\mathrm{d}q}{\mathrm{d}t}=q(G_p(N)-G_N)=q(1-q)(G_p(N)-G_I(N))$$

$$=q(1-q)\{p[(1-\alpha)\Delta\pi+\beta Q_2]+F-(1-r)\Delta c\} \tag{2}$$

企业 M、企业 N 之间的博弈用方程（1）、（2）来进行描述，由 $\frac{\mathrm{d}p}{\mathrm{d}t}=0$、$\frac{\mathrm{d}q}{\mathrm{d}t}=0$，求出系统平衡点为 $(0,0)$、$(0,1)$、$(1,0)$、$(1,1)$、$\left(\frac{(1-r)\Delta c-F}{(1-\alpha)\Delta\pi+\beta Q_2},\frac{r\Delta c-F}{\alpha\Delta\pi+\beta Q_1}\right)$。

考虑到不同平衡点对应的策略组合不同，故需要对不同平衡点进行分析。而对于用微分方程描述的群体动态博弈，可以依据雅克比矩阵进行稳定性分析。通过对 $\frac{\mathrm{d}p}{\mathrm{d}t}$ 和 $\frac{\mathrm{d}q}{\mathrm{d}t}$ 分别求偏导，即可得到雅克比矩阵：

$$\boldsymbol{J}=\begin{bmatrix}(1-2p)[q(\alpha\Delta\pi+\beta Q_1)+F-r\Delta c] & (\alpha\Delta\pi+\beta Q_1)p(1-p) \\ q(1-q)[(1-\alpha)\Delta\pi+\beta Q_2] & (1-2q)[p((1-\alpha)\Delta\pi+\beta Q_2)+F-(1-r)\Delta c]\end{bmatrix}$$

由雅克比矩阵可得：

$$\det\boldsymbol{J}=(1-2p)[q(\alpha\Delta\pi+\beta Q_1)+F-r\Delta c](1-2q)[p((1-\alpha)\Delta\pi+\beta Q_2)+F-(1-r)\Delta c]-$$

$$(\alpha\Delta\pi+\beta Q_1)p(1-p)q(1-q)[(1-\alpha)\Delta\pi+\beta Q_2]$$

$$trJ=(1-2p)[q(\alpha\Delta\pi+\beta Q_1)+F-r\Delta c]+(1-2q)[p((1-\alpha)\Delta\pi+\beta Q_2)+F-(1-r)\Delta c]$$

令$(1-r)\Delta c-F>0$，$r\Delta c-F>0$，将 5 个系统平衡点代入，表达式见表 6-7。

表 6-7 平衡点的数值表达式

平衡点(p,q)	$detJ$	trJ
$(0,0)$	$[F-r\Delta c][F-(1-r)\Delta c]$	$[F-r\Delta c]+[F-(1-r)\Delta c]$
$(0,1)$	$[\alpha\Delta\pi+\beta Q_1+F-r\Delta c]$ $[(1-r)\Delta c-F]$	$[\alpha\Delta\pi+\beta Q_1+F-r\Delta c]+$ $[(1-r)\Delta c-F]$
$(1,0)$	$(r\Delta c-F)[(1-\alpha)\Delta\pi+$ $\beta Q_2+F-(1-r)\Delta c]$	$(r\Delta c-F)+[(1-\alpha)\Delta\pi+$ $\beta Q_2+F-(1-r)\Delta c]$
$(1,1)$	$(r\Delta c-F-\alpha\Delta\pi-\beta Q_1)$ $[(1-r)\Delta c-F-(1-\alpha)\Delta\pi-\beta Q_2]$	$(r\Delta c-F-\alpha\Delta\pi-\beta Q_1)+$ $[(1-r)\Delta c-F-(1-\alpha)\Delta\pi-\beta Q_2]$
$\left(\dfrac{(1-r)\Delta c-F}{(1-\alpha)\Delta\pi+\beta Q_2},\dfrac{r\Delta c-F}{\alpha\Delta\pi+\beta Q_1}\right)$	为负号	0

情形 1：

$$r\Delta c-F-\alpha\Delta\pi-\beta Q_1<0,(1-r)\Delta c-F-(1-\alpha)\Delta\pi-\beta Q_2>0$$

$$r\Delta c-F-\alpha\Delta\pi-\beta Q_1>0,(1-r)\Delta c-F-(1-\alpha)\Delta\pi-\beta Q_2<0$$

$$r\Delta c-F-\alpha\Delta\pi-\beta Q_1>0,(1-r)\Delta c-F-(1-\alpha)\Delta\pi-\beta Q_2>0 \text{ 时,}$$

对各平衡点的局部稳定性分析见表 6-8,其中"?"表示符号不确定,通过分析可知,$(0,0)$是演化稳定点,$(0,1)$、$(1,0)$和$(1,1)$为不稳定点,而$\left(\dfrac{(1-r)\Delta c-F}{(1-\alpha)\Delta\pi+\beta Q_2},\dfrac{r\Delta c-F}{\alpha\Delta\pi+\beta Q_1}\right)$超出了$[0,1]$范围,即为不可行点,此时创新联盟进化博弈的稳定策略为(消极合作,消极合作),此时的演化博弈相位图如图 6-2 所示。

表 6-8 情形 1 局部稳定性分析结果

平衡点(p,q)	$detJ$ 符号	trJ 符号	结果
$(0,0)$	$+$	$-$	ESS
$(0,1)$	$+(-,-)$	$+(?,?)$	不稳定
$(1,0)$	$-(+,-)$	$?(+,?)$	不稳定
$(1,1)$	$-(-,+)$	$?(?,+)$	不稳定
$\left(\dfrac{(1-r)\Delta c-F}{(1-\alpha)\Delta\pi+\beta Q_2},\dfrac{r\Delta c-F}{\alpha\Delta\pi+\beta Q_1}\right)$	$-$	0	不可行

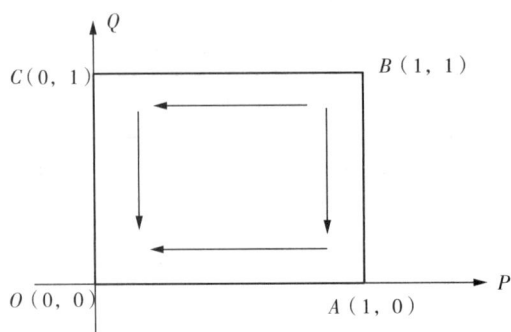

图 6-2　情形 1 创新联盟合作行为演化相位图

情形 2：

$$r\Delta c - F - \alpha\Delta\pi - \beta Q_1 < 0, (1-r)\Delta c - F - (1-\alpha)\Delta\pi - \beta Q_2 < 0$$

各个平衡点的局部稳定性分析见表 6-9 所示。分析结果表明：$(0,0)$、$(1,1)$ 为演化稳定点，$(0,1)$、$(1,0)$ 为演化不稳定点，$\left(\dfrac{(1-r)\Delta c - F}{(1-\alpha)\Delta\pi + \beta Q_2}, \dfrac{r\Delta c - F}{\alpha\Delta\pi + \beta Q_1}\right)$ 为鞍点。

表 6-9　情形 2 局部稳定性分析结果

平衡点 (p, q)	det$\boldsymbol{J}$ 符号	tr$\boldsymbol{J}$ 符号	结果
$(0,0)$	$+$	$-$	ESS
$(0,1)$	$+$	$+$	不稳定
$(1,0)$	$+$	$+$	不稳定
$(1,1)$	$+$	$-$	ESS
$\left(\dfrac{(1-r)\Delta c - F}{(1-\alpha)\Delta\pi + \beta Q_2}, \dfrac{r\Delta c - F}{\alpha\Delta\pi + \beta Q_1}\right)$	$-$	0	鞍点

此时的博弈演化相位图如图 6-3 所示，图中描述了创新联盟企业合作行为动态演化过程。当 $r\Delta c - F - \alpha\Delta\pi - \beta Q_1 < 0$，$(1-r)\Delta c - F - (1-\alpha)\Delta\pi - \beta Q_2 < 0$，创新联盟长期演化稳定状态有两种情况，分别为（积极合作，积极合作）、（消极合作，消极合作），即参与创新联盟的企业要么都选择积极合作，要么都选择消极合作。由演化相位

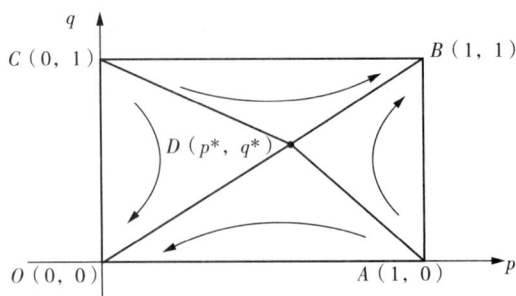

图 6-3　情形 2 创新联盟合作行为演化相位图

图 6-3 可知，创新联盟演化最终演化稳定状态取决于初始状态所处区域，具体如下：当创新联盟企业合作关系的初始状态处于 $OADC$ 区域时，创新联盟最终演化稳定状态为 $O(0,$

0),即参与创新联盟的企业均采取消极合作。当创新联盟企业合作关系的初始状态处于 $ABCD$ 区域时,创新联盟将演化到 $B(1,1)$,即参与创新联盟的企业均采取积极合作。

6.4　创新联盟知识合作行为影响因素分析

由以上分析可知,情形 2 情况下,参与创新联盟合作企业最终演化有两种稳定的策略组合:(积极合作,积极合作)、(消极合作,消极合作)。演化结果与初值情况相关,而由图 6-3 可知,进化博弈稳定策略与图形 $OADC$ 的面积(S_{OADC})和图形 $ABCD$ 的面积(S_{ABCD})直接相关:若 $S_{OADC} > S_{ABCD}$,双方选择消极合作的策略组合概率大于双方选择积极合作的策略组合;若 $S_{OADC} < S_{ABCD}$,双方选择消极合作的策略组合概率小于双方选择积极合作的策略组合;若 $S_{OADC} = S_{ABCD}$,双方选择消极合作策略组合的概率等于双方选择积极合作的策略组合。因此,分析创新联盟企业合作行为进化的影响因素仅需分析图形 $ABCD$ 的面积(S_{ABCD})的影响因素。

$$S_{ABCD} = 1 - \frac{1}{2}\left[\frac{r\Delta c - F}{\alpha\Delta\pi + \beta Q_1} + \frac{(1-r)\Delta c - F}{(1-\alpha)\Delta\pi + \beta Q_2}\right] \tag{3}$$

结论 1:创新联盟对于参与联盟企业采取消极合作行为的惩罚力度(F)越大,创新联盟企业均采取积极合作可能性概率就越大。

证:由(3)式可得:

$$\frac{\partial S_{ABCD}}{\partial F} = \frac{1}{2}\left[\frac{1}{\alpha\Delta\pi + \beta Q_1} + \frac{1}{(1-\alpha)\Delta\pi + \beta Q_2}\right] > 0$$

故 S_{ABCD} 是 F 的单调递增函数,F 越大,S_{ABCD} 的面积越大,系统向 $B(1,1)$ 演化概率越大,从而参与创新联盟的企业最终演化为策略组合(积极合作,积极合作)的概率越大。即在创新联盟中,对于参与联盟的企业,若联盟中一方采取积极合作,另一方采取消极合作时,对于消极合作参与方的处罚力度越大,联盟双方采取策略组合(积极合作,积极合作)的概率越大。

结论 2:政府对创新联盟中积极合作企业共享知识的补贴系数(β)越高,创新联盟采取积极合作可能性就越大。

证:　$$\frac{\partial S_{ABCD}}{\partial\beta} = \frac{1}{2}\left\{\frac{(r\Delta c - F)Q_1}{(\alpha\Delta\pi + \beta Q_1)^2} + \frac{[(1-r)\Delta c - F]Q_2}{[(1-\alpha)\Delta\pi + \beta Q_2]^2}\right\} > 0$$

故 S_{ABCD} 是 β 的单调递增函数,表明政府补贴系数 β 越大,S_{ABCD} 的面积也就越大,系统向 $B(1,1)$ 演化的可能性越大,从而参与创新联盟的企业进化为策略组合(积极合作,积极合作)的概率越大。即在创新联盟中,政府对创新联盟参与方采取积极合作共享知识的行为进行补贴,补贴力度越大,联盟双方采取(积极合作,积极合作)的概率越大。

结论 3:创新联盟中企业发生积极合作行为时,所支出的总成本(Δc)越大,双方均采取消极合作的概率增大。

证： $$\frac{\partial S_{ABCD}}{\partial \Delta c} = -\frac{1}{2}\left[\frac{r}{\alpha\Delta\pi+\beta Q_1}+\frac{(1-r)}{(1-\alpha)\Delta\pi+\beta Q_2}\right]<0$$

故 S_{ABCD} 的面积是 Δc 的单调递减函数，表明所支出的总成本 Δc 越大，S_{ABCD} 的面积也就越小，系统向 $O(0,0)$ 演化的概率越大，从而参与创新联盟的企业最终演化为（消极合作，消极合作）的概率越大。即在创新联盟中，联盟成员合作过程中支付的总成本越高，联盟双方采取策略组合（消极合作，消极合作）的概率越大。

结论 4：创新联盟均采用积极合作所产生的协同收益 $\Delta\pi$ 越大，双方采取积极合作的概率越大。

证： $$\frac{\partial S_{ABCD}}{\partial \Delta\pi}=\frac{1}{2}\left[\frac{\alpha(r\Delta c-F)}{(\alpha\Delta\pi+\beta Q_1)^2}+\frac{(1-\alpha)\left[(1-r)\Delta c-F\right]}{\left[(1-\alpha)\Delta\pi+\beta Q_2\right]^2}\right]>0$$

即 S_{ABCD} 是 $\Delta\pi$ 的单调递增函数，$\Delta\pi$ 越大，S_{ABCD} 的面积也就越大，系统向 $B(1,1)$ 演化的概率越大，从而参与创新联盟的企业演化为（积极合作，积极合作）的概率增大。即在创新联盟中，参与企业均积极合作时的协同收益越大，联盟双方采取（积极合作，积极合作）的概率越大。

结论 5：其他参数不变时，参与创新联盟的企业之间存在着最佳的创新协同收益分配系数（α^*），使得联盟企业采取（积极合作，积极合作）的可能性达到最大。

证： $$\frac{\partial S_{ABCD}}{\partial \alpha}=\frac{1}{2}\left\{\frac{(r\Delta c-F)\Delta\pi}{(\alpha\Delta\pi+\beta Q_1)^2}-\frac{\left[(1-r)\Delta c-F\right]\Delta\pi}{\left[(1-\alpha)\Delta\pi+\beta Q_2\right]^2}\right\}$$

可见，α 对 S_{ABCD} 的影响不是单调的，故 S_{ABCD} 对 α 进行二次求导，结果如下：

$\frac{\partial^2 S_{ABCD}}{\partial \alpha^2}=-\left\{\frac{(r\Delta c-F)\Delta\pi^2}{(\alpha\Delta\pi+\beta Q_1)^3}+\frac{\left[(1-r)\Delta c-F\right]\Delta\pi^2}{\left[(1-\alpha)\Delta\pi+\beta Q_2\right]^3}\right\}<0$，即 S_{ABCD} 关于 α 存在极大值。

令 $\frac{\partial S_{ABCD}}{\partial \alpha}=0$ 时，即满足 $\frac{r\Delta c-F}{(\alpha\Delta\pi+\beta Q_1)^2}=\frac{(1-r)\Delta c-F}{\left[(1-\alpha)\Delta\pi+\beta Q_2\right]^2}$ 条件时，

解得：$\alpha^*=\frac{b\beta Q_2-\beta Q_1+b\Delta\pi}{\Delta\pi(1+b)}$，其中 $b=\sqrt{\frac{r\Delta c-F}{(1-r)\Delta c-F}}$，能够使得 S_{ABCD} 面积达到最大，表明了在其他条件不变的情况下，参与联盟企业之间的协同收益分配系数取 α^* 时，系统向 $B(1,1)$ 演化的概率将达到最大，即参与联盟的企业采取（积极合作，积极合作）的概率达到最大。

6.5 初始状态对创新联盟演化稳定性影响的仿真模拟

为了更好地分析创新联盟进化博弈中初始点对于演化稳定性的影响，采用 Matlab R2016a 软件对不同初始点演化过程进行仿真。

（1）针对图 6-2 创新联盟合作行为演化相位图，创新联盟合作稳定平衡点为 $(0,0)$，下文分别对情形 1 中三种情况进行仿真：

① $r\Delta c-F-\alpha\Delta\pi-\beta Q_1<0$, $(1-r)\Delta c-F-(1-\alpha)\Delta\pi-\beta Q_2^*>0$，简称为情形 1 第一种情况：

设创新联盟进化博弈支付矩阵中的参数如下：

$$\Delta\pi=10, \alpha=0.5, F=5, r=0.5, \Delta c=28, Q_1=10, \beta=0.5, Q_2=6,$$

此时满足

$$r\Delta c-F-\alpha\Delta\pi-\beta Q_1<0, (1-r)\Delta c-F-(1-\alpha)\Delta\pi-\beta Q_2>0,$$

此时 $\left(\dfrac{(1-r)\Delta c-F}{(1-\alpha)\Delta\pi+\beta Q_2}, \dfrac{r\Delta c-F}{\alpha\Delta\pi+\beta Q_1}\right)$ 超出 [0,1] 范围，选取 6 组初始值进行仿真分析：

(0.1,0.1)、(0.1,0.9)、(0.2,0.8)、(0.8,0.2)、(0.9,0.1) 和 (0.9,0.9)，创新联盟选择"积极合作"比例随时间动态演化比例如图 6-4 所示。由图 6-4 可知，不论初始点取值情况如何，最终均演化到 (0,0)，即参与创新联盟的企业均选择消极合作，最终进化博弈的稳定状态为 (消极合作,消极合作)，且从图 6-4 的演化轨迹可知，初始状态越接近 (0,0)，收敛于 (0,0) 的速度越快。

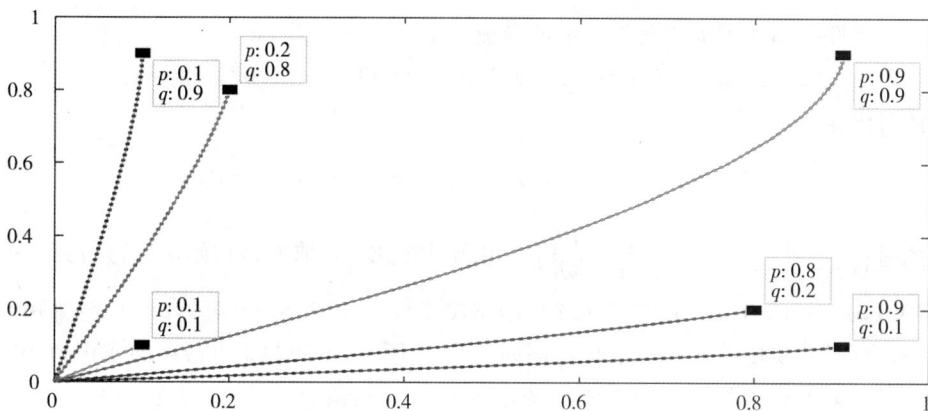

图 6-4　情形 1 第一种情况动态演化仿真图

② $r\Delta c-F-\alpha\Delta\pi-\beta Q_1>0$, $(1-r)\Delta c-F-(1-\alpha)\Delta\pi-\beta Q_2<0$，简称为情况 1 第二种情况：

设创新联盟进化博弈支付矩阵中的参数如下：

$$\Delta\pi=10, \alpha=0.5, F=5, r=0.5, \Delta c=28, Q_1=6, \beta=0.5, Q_2=10,$$

此时满足 $r\Delta c-F-\alpha\Delta\pi-\beta Q_1>0, (1-r)\Delta c-F-(1-\alpha)\Delta\pi-\beta Q_2<0$，

此时 $\left(\dfrac{(1-r)\Delta c-F}{(1-\alpha)\Delta\pi+\beta Q_2}, \dfrac{r\Delta c-F}{\alpha\Delta\pi+\beta Q_1}\right)$ 超出 [0,1] 范围，同样，选取 6 组初始值进行仿真分析：

(0.1,0.1)、(0.1,0.9)、(0.2,0.8)、(0.8,0.2)、(0.9,0.1) 和 (0.9,0.9)，创新联盟选择"积极合作"比例随时间动态演化比例如图 6-5 所示，不论初值取值情况，演化稳态为 (0,0)，即参与联盟企业均选择消极合作，越接近 (0,0)，收敛于 (0,0) 的速度越快。

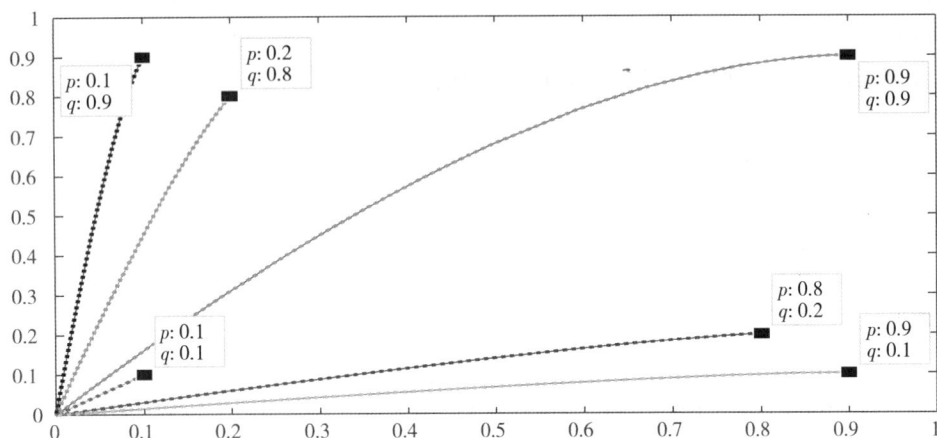

图 6-5　情况 1 第二种情况动态演化仿真图

③ $r\Delta c - F - \alpha\Delta\pi - \beta Q_1 > 0$，$(1-r)\Delta c - F - (1-\alpha)\Delta\pi - \beta Q_2 > 0$，简称为情况 1 第三种情况：

设创新联盟演化博弈支付矩阵中的参数如下：

$$\Delta\pi = 10, \alpha = 0.5, F = 5, r = 0.5, \Delta c = 28, Q_1 = 6, \beta = 0.5, Q_2 = 6,$$

此时满足

$$r\Delta c - F - \alpha\Delta\pi - \beta Q_1 > 0, (1-r)\Delta c - F - (1-\alpha)\Delta\pi - \beta Q_2 > 0,$$

此时 $\left(\dfrac{(1-r)\Delta c - F}{(1-\alpha)\Delta\pi + \beta Q_2}, \dfrac{r\Delta c - F}{\alpha\Delta\pi + \beta Q_1} \right)$ 超出 [0,1] 范围，选取 6 组初始值进行仿真分析：

$(0.1,0.1)$、$(0.1,0.9)$、$(0.2,0.8)$、$(0.8,0.2)$、$(0.9,0.1)$ 和 $(0.9,0.9)$，创新联盟选择"积极合作"比例随时间动态演化比例如图 6-6 所示，不同初始点最终均演化到 $(0,0)$，即最终参与联盟企业均选择消极合作，越接近 $(0,0)$，收敛于 $(0,0)$ 的速度越快。

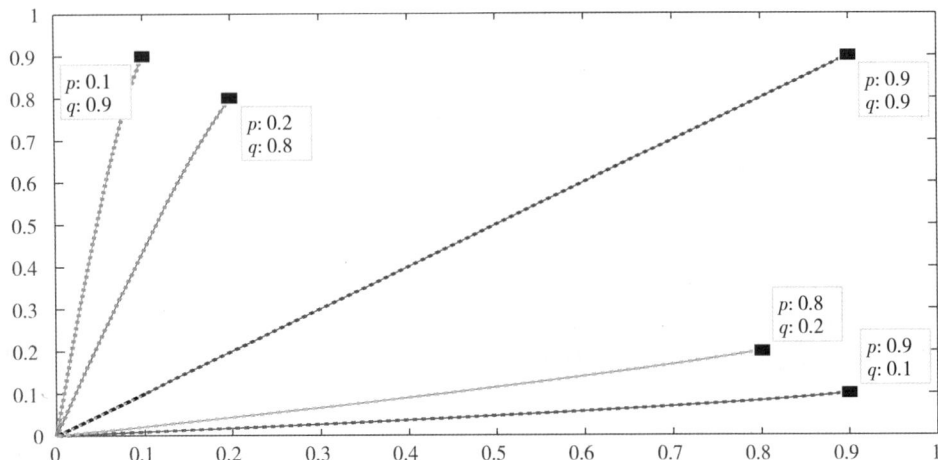

图 6-6　情形 1 第三种情况动态演化仿真图

（2）针对图 6-3 创新联盟合作行为演化相位图

$r\Delta c-F-\alpha\Delta\pi-\beta Q_1<0$,$(1-r)\Delta c-F-(1-\alpha)\Delta\pi-\beta Q_2<0$,即简称情形 2。

设创新联盟演化博弈支付矩阵中的参数如下：

$$\Delta\pi=10,\alpha=0.5,F=5,r=0.5,\Delta c=28,Q_1=10,\beta=0.5,Q_2=10,$$

此时满足 $r\Delta c-F-\alpha\Delta\pi-\beta Q_1<0$,$(1-r)\Delta c-F-(1-\alpha)\Delta\pi-\beta Q_2<0$,

此时 $\left(\dfrac{(1-r)\Delta c-F}{(1-\alpha)\Delta\pi+\beta Q_2},\dfrac{r\Delta c-F}{\alpha\Delta\pi+\beta Q_1}\right)$ 满足[0,1]范围,选取 6 组初始值进行仿真分析：

（0.1,0.1）、（0.1,0.7）、（0.5,0.8）、（0.7,0.1）、（0.8,0.5）和（0.9,0.9）,创新联盟选择"积极合作"比例随时间动态演化比例如图 6-7 所示,落在折线 CDA 上方的点收敛于 (1,1),即最终参与联盟企业均选择积极合作。初值点处于折线 CDA 上方,离点 (1,1) 越近,收敛于 (1,1) 的速度越快。位于折线 CDA 下方的初值点收敛于 (0,0),即最终参与联盟企业均选择消极合作,且初值点越接近与 (0,0),收敛于 (0,0) 的速度越快。

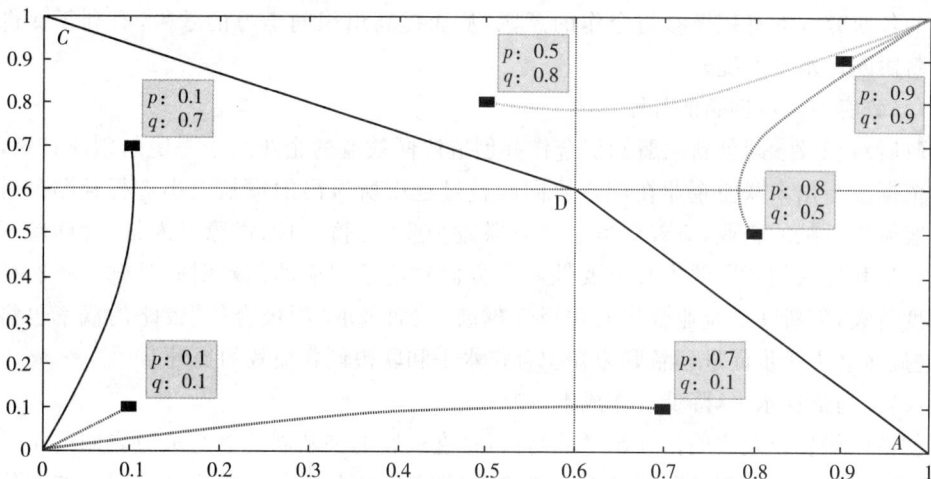

图 6-7　情形 2 时的动态演化仿真图

6.6　基于组织间学习的企业双元创新协同进化策略

前文从组织间知识积累的视角,采用进化博弈理论分析了创新联盟企业之间知识合作行为的主要影响因素,而促进创新联盟企业之间知识合作行为的措施将会积极影响创新联盟组织间学习效果,进一步影响参与创新联盟企业组织间知识积累。由第五章的实证研究结论可知,存在"组织学习—知识积累—双元创新协同性"的发展路径,即促进企业知识积累的因素,有助于提升企业双元创新协同性水平。而创新联盟企业间的知识合作行为将影响参与创新联盟企业的组织间知识积累,进而影响企业双元创新协同性（含双元创新平衡性与双元创新互补性）水平。故促进创新联盟企业间知识合作的因素能够有助于提升组织间知识积累的效果,进而有助于企业双元创新协同性（含双元创新平衡

性、双元创新互补性)水平的提升。据上分析,基于组织间知识积累的企业双元创新协同进化策略如下:

(1)构建完善的奖惩机制

由前面的创新联盟企业进化博弈分析可以看出,对于参与创新联盟中的企业而言,若创新联盟中一方企业选择"积极合作"策略,而另一方选择"消极合作"策略,即策略组合为(积极合作,消极合作)或者(消极合作,积极合作)。此时,若创新联盟具有完善的奖惩机制,即采取消极合作的联盟企业将会面临较大的经济处罚,而采取积极合作的参与企业将受到相应的奖励。在此情况下,企业为了能够从创新联盟中获得更多的收益,将会减少"消极合作"行为,从而使企业采取积极合作行为的概率得到增加。因此,创新联盟需要构建完善的奖惩机制,来引导创新联盟企业之间的知识合作行为,推动参与创新联盟成员企业开展积极合作。具体而言,针对在创新联盟中积极合作的企业,应该加大奖励力度,强化其积极合作行为。对于在创新联盟中消极合作或者有失德行为的企业,应该加大惩罚力度,减少直至完全消除消极合作行为。通过适度而有效的奖惩,使创新联盟的各博弈方都有积极参与合作的意愿,从而提高组织间学习的效果,有利于促进双元创新协同性水平的提升。

(2)政府加大对创新的补贴

政府对积极参与创新联盟知识合作并创造协同效益的企业给予一定的创新补贴,具体可依据参与创新联盟企业在创造协同收益过程中所做出的贡献大小进行补贴。对创新联盟做出贡献的企业,应着重考虑参与联盟企业的创新知识资源投入量(含创新资源投入数量和投入创新资源本身重要性两个方面),给予相应的创新财政补贴。政府补贴的力度越大,创新联盟企业合作的积极性越高,从而采取"积极合作"策略的概率也将越大,这显然会进一步促进创新联盟知识合作水平和联盟创新绩效的提升。

(3)提高信任水平,降低合作成本

创新联盟各企业之间信任水平的高低,将直接影响创新联盟参与成员之间的学习效果和学习成本。参与创新联盟的企业都希望能够从双方的合作交流过程中获取有价值的知识(或技术)资源,而有效的信任是实现高水平组织间学习的前提。信任的建立需要双方能够站在对方的立场上考虑问题,在合作过程中,能够尊重、理解双方的文化、观点和行为等方面的差异,从而减少合作成本。而信任是建立在双方长期合作的基础上的,因此双方均要注重长期合作,着眼于长远利益,避免短期行为,努力实现多赢。故信任水平的提升,促进了创新联盟企业之间的创新绩效,推动了双元创新协同性水平的提升。

(4)提高创新联盟协同收益

根据进化博弈分析结果可知,创新联盟合作协同收益的提高,可以增加参与创新联盟中企业选择(积极合作,积极合作)策略出现的概率。事实上,要想实现创新联盟协同收益的提升,参与创新联盟的企业应既具有强烈的学习动机,又具有较强的学习能力,即联盟参与成员能够把创新联盟视为学习的平台,通过"合作中学"努力提升组织间学习的效果。此外,创新联盟企业需要通过实施有效的知识管理,提高消化、吸收和整合运用对方知识的能力,努力提升创新联盟的协同收益,有力地促进了企业实施双元创新协同性水平。

（5）科学确定协同创新收益分配系数

根据前文的分析,参与创新联盟中企业选择(积极合作,积极合作)策略,创新联盟将产生协同收益 $\Delta\pi$,而 $\Delta\pi$ 如何在创新联盟企业之间分配,即如何科学确定分配系数 α,又将进一步影响创新联盟企业之间的选择积极合作的概率,前文中分配系数可由下式确定:

$$\alpha=\frac{b\beta Q_2-\beta Q_1+b\Delta\pi}{\Delta\pi(1+b)},\text{其中}\ b=\sqrt{\frac{r\Delta c-F}{(1-r)\Delta c-F}}$$

由分配系数 α 的计算公式表明分配系数是由参与创新联盟企业的投入的创新知识资源数量、产生的协同创新收益、政府补贴系数、惩罚金额以及联盟成员投入的总成本及分摊比例等共同决定的。

6.7　动态与竞争环境下基于组织学习的企业双元创新协同进化机制模型

在前文实证检验与进化博弈分析的基础上,围绕"学习—知识—能力"的思路,笔者构建了动态与竞争环境下基于组织学习的企业双元创新协同进化机制模型,如图6-8所示。具体模型分析如下:(1)模型按照"学习、知识和能力"的发展思路,为企业实现高水

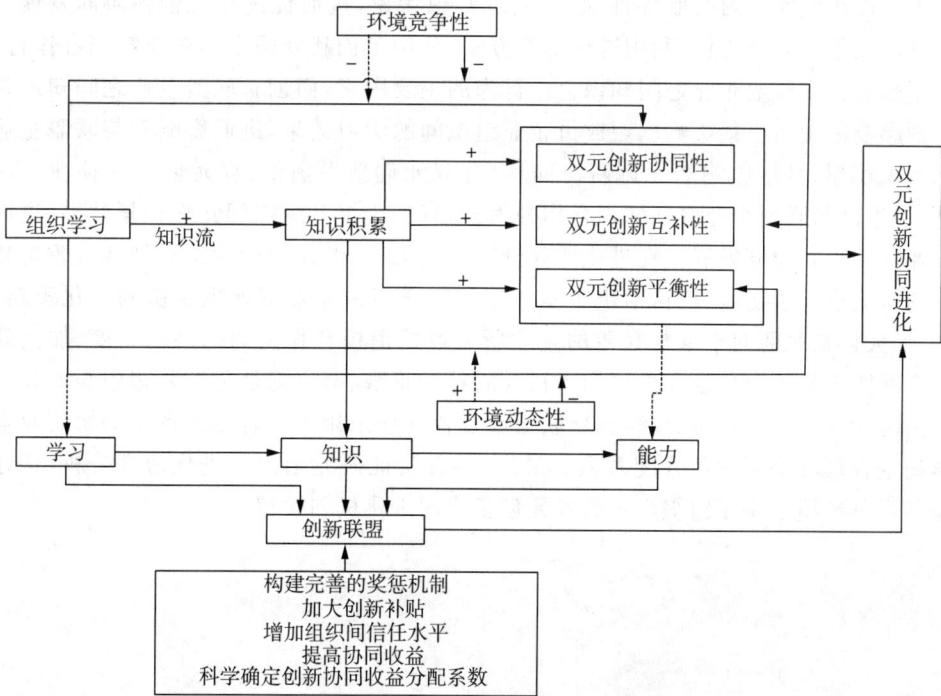

图6-8　动态与竞争环境下基于组织学习的企业双元创新协同进化机制模型

注:+代表正向影响,—代表负向影响

平的双元创新协同发展提供了新视角;(2)该模型以知识为主线,指出组织学习、知识积累与双元创新协同性(含双元创新平衡性、双元创新互补性)之间的关系,离不开组织中的创新知识资源,即组织学习促进了知识积累,从而达到提升企业双元创新协同性(含双元创新平衡性、双元创新互补性)水平的目标。(3)模型中组织学习围绕组织内学习、组织间学习展开,组织内学习部分主要以本书的实证构建的理论模型,即按照"组织学习—知识积累—双元创新协同性(含双元创新平衡性与双元创新互补性)"的思路展开,组织间学习部分则以本研究考察的创新联盟为对象,即围绕如何运用创新联盟组织间学习实现组织间知识积累,进而促进双元创新协同发展;(4)环境竞争性负向调节组织学习与双元创新互补性、双元创新协同性之间的关系;环境动态性正向调节组织学习与双元创新平衡性之间的关系,负向调节组织学习与双元创新互补性之间的关系。(5)知识积累能够中介组织学习与双元创新协同性、双元创新平衡性以及双元创新互补性之间的关系。(6)知识资源作为实施双元创新协同发展过程中最为重要的资源,也是企业实施双元创新所面临的重要难题,故企业应围绕获取组织内外部重要的创新知识资源,实现组织内部知识积累与组织间知识积累,进而促进企业双元创新协同发展。

6.8 本章小结

本章以组织间学习获取外部知识,实现知识积累,进而促进双元创新协同发展。组织间学习以创新联盟为例,利用进化博弈方法,分析了创新联盟中的企业知识合作行为,识别了影响创新联盟企业之间知识合作行为的主要因素,而创新联盟企业之间知识合作行为的影响因素将直接影响联盟成员企业组织间的学习效果,进而影响参与联盟企业组织间知识积累,最终影响双元创新协同性(含双元创新平衡性、双元创新互补性)水平。因此,促进创新联盟企业之间知识合作的因素,有助于提升组织间知识积累效果,进而促进企业双元创新协同发展。在进化博弈分析的基础上,考虑初始状态对创新联盟进化稳定性的影响进行了仿真分析,给出了基于组织间学习的企业双元创新协同进化策略,具体如:加大创新联盟对于参与联盟的企业所采取的消极合作行为的惩罚力度、加大政府对创新联盟中积极合作企业共享知识行为的补贴系数、努力降低创新联盟中企业积极合作行为时所支出的总成本、改善创新联盟成员各方均采用积极合作所产生的协同收益和科学确定合理的协同收益分配系数。最后,结合实证研究结论与进化博弈分析,构建了动态与竞争环境下基于组织学习的双元创新协同进化机制模型。

第七章 总结与展望

为了搞清楚基于组织学习的企业双元创新协同进化机制,本书构建了组织学习、知识积累与双元创新协同性之间的关系模型,并考察了环境动态性与环境竞争性对上述关系的调节作用。通过理论分析,提出了本书的研究假设和概念模型,然后通过问卷调查和统计分析检验了所提出的研究假设和概念模型,进一步按照"组织间学习—知识积累—双元创新协同性"的思路。组织间学习以创新联盟为例,运用进化博弈理论分析了企业通过创新联盟开展组织间学习获取创新知识的策略和行为,并提出了基于组织间学习的企业双元创新协同进化策略。此外,在实证检验与进化博弈分析的基础上,构建了动态与竞争环境下基于组织学习的企业双元创新协同进化机制模型。本书的研究成果丰富了双元创新的前因变量、中介变量与调节变量研究,特别是拓展和深化了组织学习与双元创新之间的关系研究,不仅具有一定的理论意义和学术价值,而且具有一定的现实意义和应用价值。

本章主要回顾了本书的研究工作与主要结论,进一步阐述了本书的理论贡献、创新之处和不足(局限)之处,并对未来的研究进行了初步展望。

7.1 研究总结与主要结论

本书在提出双元创新协同性的概念并对其内涵和构成进行阐述的基础上,探索并验证了组织学习、知识积累与双元创新协同性(含双元创新平衡性与双院内创新互补性)之间的关系,并考察了环境特征变量(环境动态性与环境竞争性)对上述关系的调节作用。在实证研究基础上,沿着组织学习实现知识积累,进而促进双元创新协同发展路径。组织间学习以创新联盟为研究对象,运用进化博弈理论对创新联盟组织间知识合作为进行了系统的分析,形成了以下研究结论:

(1)组织学习对企业双元创新协同性及其维度均具有重要影响,这种影响包含两种路径

实证研究表明,组织学习对双元创新协同性、双元创新平衡性和双元创新互补性均具有显著的正向影响。具体影响包含两条路径,一是直接影响路径;二是通过知识积累的间接影响路径。因此,首先,组织学习在双元创新协同性、双元创新平衡性及双元创新互补性发展过程中均具有十分重要的作用,即为了更好地实现双元创新协同发展,就需

要努力提升组织学习水平,促进企业实现"双高"水平的双元创新。其次,知识积累在组织学习与双元创新协同性、双元创新互补性之间起部分中介作用,在组织学习与双元创新平衡性之间起完全中介作用,充分表明了知识积累在组织学习与双元创新协同性及其维度之间的重要作用。即企业除了应重视利用组织学习获取组织内外部创新知识资源,还应该加强知识管理,努力实现组织中的知识积累,更好地实现高水平的双元创新协同。

(2)探索性学习与应用性学习之间的交互效应对双元创新协同性及其维度有重要影响

探索性学习与应用性学习对双元创新协同性、双元创新平衡性和双元创新互补性均具有积极的交互影响,即在实施组织学习(此处相当于"双元学习")的企业里,在应用性学习与探索性学习的共同作用下,有助于提升企业双元创新协同性水平、双元创新平衡性水平及双元创新互补性水平。

(3)环境动态性与环境竞争性在组织学习与双元创新协同性及其维度间调节效应存在差异

环境动态性在组织学习与双元创新平衡性之间起正向调节作用;环境动态性与环境竞争性均在组织学习与双元创新互补性之间起负向调节作用;环境竞争性在组织学习与双元创新协同性之间起负向调节作用。即实施双元创新的企业高管应密切关注组织外部环境情境因素,充分发挥环境情境因素的调节作用,从而更好地实现双元创新协同发展。

(4)通过创新知识联盟实现组织间知识积累,提升企业双元创新协同发展水平

组织间学习获取创新知识,实现创新知识积累,促进双元创新协同发展。以创新联盟为例,围绕获取组织间知识这一目标,应用进化博弈理论和 Matlab R2016a 仿真软件对创新联盟中组织间知识合作行为进行了分析,得出如下结论:①创新联盟对于参与联盟的企业采取消极合作行为的惩罚力度越大,创新联盟成员采取积极合作的可能性就越大。②政府对创新联盟中积极合作企业共享知识的补贴系数越高,创新联盟积极合作的可能性就越大。③创新联盟中的企业开展积极合作时,如果所支出的总成本 Δc 越小,那么双方均采取积极合作的概率将增大。④创新联盟中的企业均发生积极合作行为时,产生的协同收益 $\Delta \pi$ 越大,双方继续采取积极合作行为的概率也越大。⑤创新联盟企业间存在最优的协同创新收益分配系数,综合考虑创新联盟企业中投入的创新知识资源数量、协同创新收益情况、政府补贴系数、惩罚金额、创新联盟投入的总成本以及分摊比例等因素确定参与联盟企业之间的协同收益分配系数,有助于提升创新联盟企业间的积极合作行为。最后给出了基于组织间学习的企业双元创新协同进化策略,即构建完善的奖惩机制、政府加大对创新的补贴、提高联盟中企业之间的信任水平、降低合作成本、提高创新联盟协同收益以及科学确定协同收益分配系数。

7.2 理论贡献与实践意义

本书基于前人相关文献和有关理论(组织学习理论、知识管理理论、双元创新理论、环境动态性和环境竞争性理论),对组织学习(自变量)、双元创新协同性及其维度(因变

量)和环境动态性与环境竞争性(调节变量)、知识积累(中介变量)之间的关系进行了理论分析与实证研究,其研究结论不仅深化与拓展了双元创新前因、中介和调节变量等方面的研究,而且为企业获得高水平双元创新协同发展提供了对策建议。本研究引入知识积累作为中介变量,补充了组织学习与双元创新协同性及其维度的中间要素支撑,能够更好地揭示组织学习如何影响双元创新协同发展的"黑箱"。此外,考虑到知识积累在实现双元创新协同发展过程中发挥的重要作用,采用组织间知识积累破解实施双元创新面临的创新知识资源困境,运用进化博弈理论分析了创新联盟中企业之间的知识合作行为,为企业通过创新联盟获取组织间知识资源实现组织间知识积累,促进双元创新协同性水平提升提供有参考价值的建议。

7.3　管理启示

本书的研究结论对于企业双元创新管理实践有如下几点启示:

(1)企业管理者应高度重视组织学习

组织学习是企业双元创新协同性、双元创新平衡性和双元创新互补性的重要前因变量,唯有搞好企业的两类组织学习活动,并充分发挥应用性学习与探索性学习两类学习之间的交互作用,才能实现双元创新协同进化。对于实施双元创新而言,尤其是企业内部知识(或技术)资源、管理经验和管理技术等无法较好地满足开展双元创新活动的需求时,更需通过组织学习获取组织内外部创新知识资源来突破企业自身所面临的创新知识资源瓶颈,具体可以采取以下 3 个方面的措施来提高企业的组织学习效果:①构建学习型企业。在企业内部形成良好的组织学习氛围,全面提升员工的学习意识、学习能力和学习效率,实现员工知识水平与创新能力的提升。②实施有效的知识管理。企业应高度重视知识管理,提高组织知识的编码化水平,促进知识分享、知识吸收、知识创新以及知识应用等方面能力的提升。③加强企业内外部合作。企业内部应培育合作、分享的组织文化,并注重与外部企业之间的合作,此外还应注重与大学和科研院所之间的合作,以充分借力"外脑",解决实施双元创新协同发展过程中所面临创新知识资源不足的难题。

(2)企业管理者应重视组织知识积累

知识积累能够中介组织学习与双元创新协同性及其维度之间的关系,表明了知识积累在提升双元创新协同性、双元创新平衡性及双元创新互补性过程中发挥着重要作用。作为企业管理者应该高度重视组织知识积累(尤其是与组织技术创新活动密切相关的知识),以期更好地发挥组织学习对双元创新协同性及其维度的积极作用,提升企业双元创新协同发展水平。具体可采取如下措施:①企业高管应高度重视组织知识资源的价值,对知识积累过程中做出贡献的员工应该及时进行奖励,强化员工的行为;②企业高管应加强对员工培训,通过培训提高获取组织内外部知识的意识与本领;③定期在组织内部就新知识、新技术以及新经验进行交流与分享,提升员工获取新知识、新技术和新经验的技能;④企业高管应注重对新知识、新技术以及新经验的学习、消化、吸收以及应用,提升对组织间新技术知识的敏感度与鉴别力,为实现组织间知识积累奠定基础。

(3)企业管理者应密切关注企业的外部环境,特别是外部环境的动态性与竞争性

在动态与竞争的环境下,技术更新的速度将加快,为更好地应对激烈的外部竞争环境,企业高管还应该密切关注组织外部的环境情境,并根据具体环境情境选择恰当的双元创新协同发展路径。具体如下:①在环境动态性较高时,企业应该通过组织学习来提高双元创新平衡性的水平;②在环境动态性较低时,企业应该通过组织学习来提高双元创新互补性的水平;③当环境竞争性较低时,企业应该充分利用组织学习来提高双元创新互补性和双元创新协同性的水平。

(4)实施双元创新的企业应该高度重视组织间学习

实施技术创新活动(尤其是实施双元创新)面临一定的风险性,而且大多数企业会面临创新知识资源不足的困境,组织间学习能够有效解决这一不足。创新联盟为组织间学习搭建理想平台,有助于企业获取组织外部知识,实现组织间知识积累。因此,企业管理者应充分把握参与创新联盟的机会,努力学习或者利用其他组织中的创新知识资源,实现组织间学习,弥补企业自身创新知识资源的不足,提升企业双元创新协同发展水平。具体措施如下:①企业高管应注重对创新联盟伙伴的科学挑选,应认真评估潜在合作联盟成员所拥有的技术(或知识),选择合适的创新联盟伙伴;②应该加强联盟成员管理,构建科学的利益分配与奖惩机制,促进创新联盟成员企业之间的高水平的知识合作;③创新联盟成员之间应加强交流,提高组织间信任水平,促进联盟间知识共享水平的提升,实现组织间知识积累与双元创新协同发展。

7.4 研究局限与未来展望

7.4.1 研究局限

本书研究了组织学习对双元创新协同性(含双元创新平衡性、双元创新互补性)的影响这一理论与实践问题,取得了有一定价值的研究成果。但由于一些主观与客观原因,本研究仍然存有如下一些局限:

(1)样本数据分布范围问题

受时间与精力限制,样本的选取仅限于上海、江苏、浙江、安徽和江西等5省(市)的部分高新技术企业,因而其研究结论是否适用于其他地区和其他行业的企业,有待进一步实证探究。

(2)横截面数据导致研究结论暂时性问题

本研究所用的样本数据均是同步获取的横截面数据,变量间的关系可能具有暂时性,如本研究中组织学习对企业双元创新协同性影响应该存有一定的时间差,即组织学习、双元创新协同性变量之间的关系应该是组织学习促进了双元创新协同性。那么研究变量测定也应该有先后顺序,也即自变量与因变量的测量不应在同一时点。

(3)研究中介变量与调节变量选取

对于组织学习、双元创新协同性这两个重要的研究变量,可能受到其他研究变量的影响。但本研究仅涉及一个中介变量(知识积累)和两个调节变量(环境动态性和环境竞争性),其他可能的中介变量和调节变量的中介或调节作用,有待今后理论分析与实证研究来进一步揭示。

7.4.2 研究展望

(1)如何更科学地测度双元创新协同性

在以往的研究中,双元创新平衡性和双元创新互补性是两个相互独立的变量。在本书中,我们将这两个变量"合二为一",构建了一个全新的研究变量——双元创新协同性,并基于双元创新平衡性与双元创新互补性的测量(或计算)方法给出了双元创新协同性的测量(或计算)公式:双元创新协同性测量值=(0.5×双元创新平衡性测量值)+(0.5×双元创新互补性测量值)。虽然从理论上讲,将双元创新协同性的两个维度(双元创新平衡性与双元创新互补性)的权重都取 0.5 是合适的,而且计算起来也比较简便。然而,由于本研究中双元创新平衡性的计算采用的是加减,而双元创新互补性的计算采用的是乘积,因而两个维度的得分实际上并不在一个"数量级"上,也就是说,在某些特殊情况下,其中一个维度的得分可能在计算双元创新协同性时所起作用相对较小,这显然是存在一定局限性。因此,未来有必要对双元创新协同性的计算方法做进一步的研究,以提出更加科学的双元创新协同性的计算方法。

(2)研究双元创新协同性及其两个维度的后果变量

本研究中双元创新协同性整合了双元创新平衡性和双元创新互补性两个变量,研究分析了双元创新协同性及其维度的前因变量、中介变量及调节变量,丰富了双元创新理论。未来可进一步研究双元创新协同性及其维度的后果变量,即研究双元创新协同性及其维度(双元创新平衡性、双元创新互补性)与企业绩效、创新绩效、企业核心竞争能力、企业持续竞争优势以及可持续发展等研究变量之间的关系。上述问题的研究有助于进一步回答企业为什么要实现双元创新协同性、双元创新平衡性及双元创新互补性。

(3)研究组织学习四种组合与双元创新协同性及其维度之间的关系

本书理论分析与实证检验了组织学习及两类组织学习活动之间的交互作用对双元创新协同性、双元创新平衡性和双元创新互补性之间的关系,未来可进一步研究如下关系:四种组织学习组合(高水平的探索性学习与高水平的应用性学习、低水平的探索性学习与低水平的应用性学习、高水平的探索性学习与低水平的应用性学习、低水平的探索性学习与高水平的应用性学习)与双元创新协同性(含双元创新平衡性与双元创新互补性)之间的关系。此外,高水平的探索性学习与低水平的应用性学习组合在何种组织情境下双元创新协同发展水平优于低水平的探索性学习与高水平的应用性学习组合,也值得进一步理论分析与实证检验。

(4)考虑其他中介变量与调节变量的影响

在调节变量研究方面,本研究考察了环境动态性与环境竞争性对组织学习与双元创新协同性及其维度之间关系的调节效应,未来可进一步考察组织中的领导因素,如领导风格(变革型领导风格和交易型领导风格)、CEO 双元领导等对上述关系的调节作用。此外,本书仅涉及知识积累一个中介变量,未来的研究可以考虑把动态能力、吸收能力和知识整合等研究变量作为中介变量,以提出和检验这些变量对组织学习与双元创新协同性及其维度(双元创新平衡性、双元创新互补性)之间关系的中介作用。当然,为了避免因采用横截面数据而造成的局限性,未来的研究最好采用动态的纵向数据。

参考文献

[1] 林筠,刘江. 双元创新驱动机制:智力资本整合的视角[J]. 科技管理研究, 2016,36(12):18−23,29.

[2] Abernathy W. The productivity dilemma [M]. Baltimore: Johns Hopkins University Press,1978.

[3] Benner M J, Tushman M L. Exploitation, exploration, and process management:the productivity dilemma revisited[J]. The Academy of Manageament Review,2003,28(2):238−256.

[4] March J G. Exploration and exploitation in organizational learning [J]. Organization Science,1991,2(1):71−87.

[5] Yang Z,Zhang P C. Discipline versus passion:collectivism,centralization,and ambidextrous innovation [J]. Asia Pacific Journal of Management, 2015, 32 (3): 745−769.

[6] Güttel W H,Konlechner S W,Trede J K. Standardized individuality versus in-dividualized standardization:the role of the context in structurally ambidextrous organizations[J]. Review of Managerial Science,2015,9(2):261−284.

[7] Jansen J J P,Van Den Bosch F A J,Volberda H W. Exploratory innovation,ex-ploitative innovation, and performance:effects of organizational antecedents and environmental moderators[J]. ManagementScience,2006,52(11):1661−1674.

[8] 宋锟泰,张正堂,赵李晶. 时间压力对员工双元创新行为的影响机制[J]. 经济管理,2019,41(5):72−87.

[9] Danneels E. The dynamics of product innovation and firm competences [J]. StrategicManagement Journal,2002,23(12):1095−1121.

[10] Tushman M L,O'Reilly III C A. The ambidextrous organizations:managing evolutionary and revolutionary change[J]. California Management Review,1996,38(4): 8−30.

[11] O'Reilly III C A,Tushman M L. Organizational ambidexterity in action:how managers explore and exploit [J]. California Management Review,2011,53(4):5−22.

[12] Lin H E,Mcdonough E F,ShuJou Lin,et al. Managing the Exploitation/ Exploration Paradox:The Role of a Learning Capability and Innovation Ambidexterity

[J]. Journal of Product Innovation Management,2013,30(2):262—278.

[13] O'Reilly III C A,Tushman M L. Organizational ambidexterity:past,present, and future[J]. Academy ofManagement Perspectives,2013,27(4):324—338.

[14] Atuahene—Gima K. Resolving the capability—rigidity paradox in new product innovation[J]. Journal ofMarketing,2005,69(4):61—83.

[15] Ebben J J,Johnson A C. Efficiency, flexibility, or both? Evidence linking strategy to performance in small firms[J]. Strategic Management Journal,2005,26(13): 1249—1259.

[16] Van Looy B,Martens T,Debackere K. Organizing for continuous innovation: on the sustainability of ambidextrous organizations[J]. Creativity and Innovation Management,2005,14(3):208—221.

[17] Jansen J J P,Van Den Bosch F A J,Volberda H W. Managing potential and realized absorptive capacity:how do organizational antecedents matter? [J]. Academy ofManagement Journal,2005,48(6):999—1015.

[18] Sofka W, Schmidt T, Hoewer D. Consistently capricious: the performance effects of simultaneous and sequential ambidexterity[J]. Academy of Management Annual Meeting Proceedings,2012(1):16311.

[19] Caspin - Wagner K,Ellis S,Tishler A. Balancing exploration and exploitation for firm's superior performance:the role of the environment[C] // Paper presented at the annual meetings of the Academy of Management. 2012.

[20] Jansen J J P,Vera D,Crossan M. Strategic leadership for exploration and exploitation:the moderating role of environmental dynamism [J]. The Leadership Quarterly,2009,20(1):5—18.

[21] Sidhu J S, Volberda H W, Commandeur H R. Exploring exploration orientation and its determinants:some empirical evidence[J]. Journal of Management Studies,2004,41(6):913—932.

[22] Siggelkow N, Rivkin J W. Speed and search: designing organizations for turbulence and complexity[J]. Organization Science,2005,16(2):101—122.

[23] Tempelaar M P, Van De Vrande V. Dynamism, munificence, internal and external exploration — exploitation and their performance effects[C] //Academy of Management Proceedings. Briarcliff Manor,NY 10510:Academy of Management,2012, 2012(1):16656.

[24] Uotila J,Maula M,Keil T,et al. Exploration,exploitation,and financial performance:analysis of S&P 500 corporations[J]. Strategic Management Journal,2009,30 (2):221—231.

[25] Wang H,Li J. Untangling the effects of over exploration and over exploitation on organizational performance:the moderating role of environmental dynamism [J]. Journal of Management,2008,34(5):925—951.

〔26〕 Yang H, Atuahene — Gima K. Ambidexterity in product innovation management:the direct and contingent effects on firm performance〔Z〕. Philadelphia:Paper presented at the annual meetings of the Academy of Management,2007.

〔27〕 West M,Farr J L. Innovation and creativity at work:psychological and organizational strategies〔J〕. Health Policy,1991,45(3):175—86.

〔28〕 Rosenbusch N,Brinckmann J,Bausch A. Is innovation always beneficial? A meta — analysis of the relationship between innovation and performance in SMEs〔J〕. Journal of Business Venturing,2011,26(4):441—457.

〔29〕李剑力. 探索性创新、开发性创新与企业绩效关系研究——基于冗余资源调节效应的实证分析〔J〕. 科学学研究,2009,27(9):1418—1427.

〔30〕 Li C R, Lin C J, Huang H C. Top management team social capital, exploration — based innovation, and exploitation — based innovation in SMEs 〔J〕. Technology Analysis&Strategic Management,2014,26(1):69—85.

〔31〕 Cao Q, Gedajlovic E, Zhang H. Unpacking organizational ambidexterity:dimensions,contingencies,and synergistic effects〔J〕. Organization Science,2009,20(4):781—796.

〔32〕 Levinthal D A,March J G. The myopia of learning〔J〕. StrategicManagement Journal,1993,14(S2):95—112.

〔33〕 He Z L,Wong P K. Exploration vs. exploitation:an empirical test of the ambidexterity hypothesis〔J〕. OrganizationScience,2004,15(4):481—494.

〔34〕焦豪. 双元型组织竞争优势的构建路径:基于动态能力理论的实证研究〔J〕. 管理世界,2011,11:76—91,188.

〔35〕张洁,安立仁,张宸璐. 开放式创新视角下双元与绩效关系研究脉络与未来展望〔J〕. 外国经济与管理,2015,37(7):3—18.

〔36〕 Raisch S,Birkinshaw J. Organizational ambidexterity:antecedents,outcomes,and moderators〔J〕. Journal ofManagement,2008,34(3):375—409.

〔37〕李桦,储小平,郑馨. 双元性创新的研究进展和研究框架〔J〕. 科学学与科学技术管理,2011,32(4):58—65.

〔38〕奚雷,彭灿,李德强. 智力资本对双元创新协同性的影响:高管团队行为整合的调节作用〔J〕. 科技进步与对策,2016,33(6):142—148.

〔39〕奚雷,彭灿,李德强. 双元学习对双元创新协同性的影响:变革型领导风格的调节作用〔J〕. 科技管理研究,2016,36(8):210—215.

〔40〕奚雷,彭灿,李德强. 双元学习对双元创新及其协同性的交互影响〔J〕. 科技管理研究,2016,36(15):192—196.

〔41〕 Kollmann T,Stockmann C. Antecedents of strategic ambidexterity:effects of entrepreneurial orientation on exploratory and exploitative innovations in adolescent organisations〔J〕. International Journal of Technology Management,2010,52(1—2):153—174.

[42] 白景坤,杨智,董晓慧. 双元性创新能否兼得? 公司创业导向的作用与知识刚性的调节效应[J]. 经济管理,2015,37(11):42—52.

[43] Subramaniam M, Youndt M A. The influence of intellectual capital on the types of innovative capabilities[J]. Academy of Management Journal, 2005,48(3): 450—463.

[44] 王永贵,李锐,陶秋燕. 智力资本要素联动效应与双元创新能力提升[J]. 经济与管理研究,2016,37(3):86—93.

[45] 杨晓娜,彭灿,杨红. 开放式创新对企业双元创新能力的影响——外部社会资本的调节作用[J]. 科技进步与对策,2018,35(13):86—92.

[46] Spender J C. Organizational knowledge, learning and memory:three concepts in search of a theory[J]. Journal of Organizational Change Management,1996,9(1): 63—78.

[47] 张徽燕,何楠,高远辉. 组织学习能力、双元性创新与企业绩效间关系的实证研究[J]. 技术经济,2014,33(5):40—45,111.

[48] 林向义,罗洪云,纪锋,等. 企业开放式创新中外部知识获取能力评价[J]. 技术经济,2013,32(7):18—23.

[49] 白景坤,丁军霞. 网络能力与双元创新的关系——环境动态性的调节作用[J]. 科学学与科学技术管理,2016,37(8):138—148.

[50] Kohlbacher M, Weitlaner D, Hollosi A, et al. Innovation in clusters:effects of absorptive capacity and environmental moderators[J]. Competitiveness Review,2013,3 (23):199—217.

[51] 李德强,彭灿,奚雷. 动态能力对双元创新协同性的影响:环境竞争性的调节作用[J]. 运筹与管理,2017,26(9):183—192.

[52] 彭灿,奚雷,张学伟. 高度动态与竞争环境下突破性创新对企业持续竞争优势的影响研究[J]. 科技管理研究,2018,38(24):10—17.

[53] 赵洁,魏泽龙,李垣. 高管激励机制、组合能力对创新双元性的影响研究[J]. 中国科技论坛,2012(2):108—115.

[54] Duncan R B. The ambidextrous organization:designing dual structures for innovation[J]. TheManagement of Organization,1976,1(1):167—188.

[55] March J G. Learning to be risk averse[J]. Psychological Review,1996,103 (2):309—319.

[56] Lavie D, Rosenkopf L. Balancing exploration and exploitation in alliance formation[J]. Academy of Management Journal,2006,49(4):797—818.

[57] Van der Borgh M, Schepers J J L. Do retailers really profit from ambidextrous managers? The impact of frontline mechanisms on new and existing product selling performance[J]. Journal of Product Innovation Management,2014,31(4):710—727.

[58] 吴亮,赵兴庐,张建琦. 以资源拼凑为中介过程的双元创新与企业绩效的关系研究[J]. 管理学报,2016,13(3):425—431.

[59] Yan Y,Guan J C. Social capital,exploitative and exploratory innovations:the mediating roles of ego network dynamics[J]. Technological Forecasting and Social Change,2018,126:244－258.

[60] 林筠,何婕. 企业智力资本对渐进式和根本性技术创新影响的路径探究[J]. 研究与发展管理,2011,23(1):90－98.

[61] 林筠,乔建麒,吴莹莹. 科技型企业专才和通才、交互记忆系统与双元创新关系研究[J]. 软科学,2017,31(2):14－18.

[62] 白寅,周新宇. 双元性视角下知识基础对创新的影响——搜索战略的调节作用[J]. 软科学,2018,32(6):10－14.

[63] 梁阜,张志鑫. 外部知识搜索及其双元性的创新效应研究[J]. 情报杂志,2019,38(1):171－179,86.

[64] 张庆垒,施建军,刘春林等. 技术多元化、行业竞争互动与双元创新能力[J]. 外国经济与管理,2018,40(9):71－83.

[65] 李柏洲,曾经纬. 知识惯性对企业双元创新的影响[J]. 科学学研究,2019,37(4):750－759.

[66] 李柏洲,殷婧钰,苏屹. 研发资本、双元创新与企业绩效[J]. 哈尔滨工程大学学报,2019,40(3):634－640.

[67] Ozer M,Zhang W. The effects of geographic and network ties on exploitative and exploratory product innovation[J]. Strategic Management Journal,2015,36(7):1105－1114.

[68] 杨治,郭艳萍,张鹏程. 企业间信任对组织双元创新的影响[J]. 科研管理,2015,36(9):80－88.

[69] 党兴华,魏龙,闫海. 技术创新网络组织惯性对双元创新的影响研究[J]. 科学学研究,2016,34(9):1432－1440.

[70] 曾萍,黄紫薇,夏秀云. 外部网络对企业双元创新的影响:制度环境与企业性质的调节作用[J]. 研究与发展管理,2017,29(5):113－122.

[71] 王玉荣,杨博旭,李兴光. 多重网络嵌入、市场化水平与双元创新[J]. 科技进步与对策,2018,35(16):75－82.

[72] 生帆,葛宝山. TMT网络特征、知识创造与双元创新关系研究[J]. 南方经济,2017(8):122－140.

[73] 曹兴,宋长江. 认知邻近性、地理邻近性对双元创新影响的实证研究[J]. 中国软科学,2017(4):120－131.

[74] 李宁娟,高山行,舒成利. 环境扫描对双元创新非线性影响机理的探讨:战略柔性的调节作用[J]. 管理评论,2018,30(4):45－58.

[75] 王金凤,蔡豪,冯立杰等. 外部环境不确定性、网络惯例与双元创新关系研究[J]. 科技进步与对策,2020,37(6):37－45.

[76] Cao Q,Simsek Z,Zhang H. Modelling the joint impact of the CEO and the TMT on organizational ambidexterity[J]. Journal of Management Studies,2010,47(7):

1272—1296.

[77] 李忆,桂婉璐,刘曜. 家长式领导对双元创新的影响:与企业战略匹配[J]. 华东经济管理,2014,28(1):113—118.

[78] 张敏,张一力. 风险偏好还是网络偏好? 网络环境下跨代企业家双元创新实施路径探究[J]. 科学学与科学技术管理,2016,37(3):125—135.

[79] 徐伟,张荣荣,贾军等. 高新技术企业经理人来源对双元创新选择的影响研究[J]. 管理学报,2018,15(12):1819—1829.

[80] 林春培,张振刚. 基于吸收能力的组织学习过程对渐进性创新与突破性创新的影响研究[J]. 科研管理,2017,38(4):38—45.

[81] 段庆锋,潘小换. 组织间技术扩散网络对双元创新的影响研究[J]. 研究与发展管理,2018,30(5):27—37.

[82] 李桦,彭思喜. 战略柔性、双元性创新和企业绩效[J]. 管理学报,2011,8(11):1604—1609,1668.

[83] 王朝晖,冷晓君. KHRM、情境双元型创新与企业绩效关系研究[J]. 科学学与科学技术管理,2012,33(9):44—54.

[84] 吴俊杰,盛亚,姜文杰. 企业家社会网络、双元性创新与技术创新绩效研究[J]. 科研管理,2014,35(2):43—53.

[85] 王朝晖. 高绩效工作系统、双元型创新与企业绩效:关系情境的调节作用[J]. 科学决策,2014(9):32—53.

[86] 周俊,薛求知. 组织双元性的培育与效应:组织学习视角[J]. 科研管理,2014,35(2):87—93.

[87] 谷盟,魏泽龙. 中国转型背景下创新包容性、双元创新与市场绩效的关系研究[J]. 研究与发展管理,2015,27(6):107—115.

[88] 王兰云,苏磊. 战略人力资源管理一致性与组织绩效的关系研究——双元创新能力的中介作用[J]. 科技管理研究,2015,35(9):173—179.

[89] 付丙海,谢富纪,韩雨卿. 创新链资源整合、双元性创新与创新绩效:基于长三角新创企业的实证研究[J]. 中国软科学,2015,12:176—186.

[90] 马鸿佳,宋春华,郭海. 战略选择、双元创新与天生国际化企业绩效关系研究[J]. 科学学研究,2016,34(10):1550—1560.

[91] 陈奎庆,朱晴雯,毛伟. 创业型领导与新创企业成长——基于双元性创新的中介效应研究[J]. 常州大学学报(社会科学版),2017,18(6):61—71.

[92] 宋春华,马鸿佳,郭海. 学习导向、双元创新与天生国际化企业绩效关系研究[J]. 科学学与科学技术管理,2017,38(9):126—140.

[93] 宋春华,马鸿佳,马楠. 关系学习、双元创新与企业绩效关系研究[J]. 外国经济与管理,2017,39(9):32—46.

[94] 郭韬,邢璐,黄瑶. 创新网络知识转移对企业创新绩效的影响——双元创新的中介作用[J]. 科技进步与对策,2017,34(15):114—119.

[95] 潘宏亮. 创业者吸收能力、双元创新战略对天生国际化企业成长绩效的影响

[J]. 科学学与科学技术管理,2018,39(12):94－110.

[96] 李瑞雪,彭灿,杨晓娜. 以双元创新为中介过程的开放式创新对企业核心能力的影响[J]. 科技进步与对策,2019,36(4):90－97.

[97] 戴海闻,曾德明,张运生. 关系资本、双元创新与高技术产业主导设计[J]. 科研管理,2020,41(2):220－229.

[98] Gupta A K,Smith K G,Shalley C E. The interplay between exploration and exploitation[J]. Academy ofManagement Journal,2006,49(4):693－706.

[99] Lubatkin M H,Simsek Z,Ling Y,et al. Ambidexterity and performance in small－to medium－sized firms:the pivotal role of top management team behavioral integration[J]. Journal of Management,2006,32(5):646－672.

[100] Sarkees M,Hulland J,Prescott J. Ambidextrous organizations and firm performance:the role of marketing function implementation[J]. Journal of Strategic Marketing,2010,18(2):165－184.

[101] Kitapçi H,Çelik V. Ambidexterity and firm productivity performance:the mediating effect of organizational learning capacity[J]. Procedia－Social and Behavioral Sciences,2013,99(1):1105－1113.

[102] 党兴华,孙永磊,宋晶. 不同信任情景下双元创新对网络惯例的影响[J]. 管理科学,2013,26(4):25－34.

[103] 吴航,陈劲. 企业实施国际化双元战略的创新效应——以竞争强度为调节[J]. 科学学研究,2018,36(2):334－341.

[104] 李悦,王怀勇. 双元创新行为与心理脱离:矛盾式领导风格的调节作用及其边界条件[J]. 科学学与科学技术管理,2018,39(10):157－170.

[105] 全昕,陈松,邵俊岗. 双元创新战略、组织动态能力对企业绩效的多维度影响[J]. 预测,2019,38(1):30－36.

[106] 李瑞雪,彭灿,杨晓娜. 双元创新与企业可持续发展:短期财务绩效与长期竞争优势的中介作用[J]. 科技进步与对策,2019,36(17):81－89.

[107] Ahuja G. Collaboration networks,structural holes,and innovation:a longitudinal study[J]. Administrative Science Quarterly,2000,45(3):425－455.

[108] Sørensen J B,Stuart T E. Aging,obsolescence,and organizational innovation[J]. Administrative Science Quarterly,2000,45(1):81－112.

[109] Russo A,Vurro C. Cross－boundary ambidexterity:balancing exploration and exploitation in the fuel cell industry[J]. European Management Review,2010,7(1):30－45.

[110] Moser P. Patents and innovation:evidence from economic history[J]. Journal of Economic Perspectives,2013,27(1):23－44.

[111] Griliches Z. Patent statistics as economic indicators:a survey[M]. Chicago:University of Chicago Press,1998.

[112] 全昕,陈松,邵俊岗. 企业创新中的"双元平衡"一直重要吗?——基于机器

学习的动态分析[J]. 科学学与科学技术管理,2018,39(11):74—84.

[113] 李胜楠,牛建波,辛美慧. 董事会能力会影响公司双元创新战略选择吗——基于环境动态性的调节效应[J]. 山西财经大学学报,2018,40(5):70—82.

[114] March J G,Simon H A. Organizations[M]. New York:John Wiley and Sons,1958.

[115] Fiol C M,Lyles M A. Organizational learning[J]. Academy of Management Review,1985,10(4):803—813.

[116] Senge P M. The fifth discipline:the art and practice of the learning organization[M]. London:Random House,1990.

[117] Hames R D. The management myth:exploring the essence of future organisations[M]. Sydney:Business&Professional Publishing,1994.

[118] Marquardt M J,Reynolds A. The global learning organization[M]. New York:McGraw—Hill,1994.

[119] 陈国权,马萌. 组织学习——现状与展望[J]. 中国管理科学,2000,8(1):66—74.

[120] 张钢,许庆瑞. 组织学习与企业技术创新[J]. 科学学与科学技术管理,1995,16(10):16—18.

[121] 于海波,方俐洛,凌文辁. 组织学习整合理论模型[J]. 心理科学进展,2004,12(2):246—255.

[122] 江积海,龙勇,王涛. 企业动态能力理论渊源及主导逻辑述评[J]. 生产力研究,2007(7):149—150.

[123] 郭会斌,郑展,单秋朵,等. 工匠精神的资本化机制:一个基于八家"百年老店"的多层次构型解释[J]. 南开管理评论,2018,21(2):95—106.

[124] Rothaermel F T,Alexandre M T. Ambidexterity in technology sourcing:the moderating role of absorptive capacity[J]. OrganizationScience,2009,20(4):759—780.

[125] 王萧萧. 产学研合作知识耦合、信任与组织学习关系研究[D]. 广州:华南理工大学,2018.

[126] Eisenhardt K M,Martin J A. Dynamic capabilities:what are they? [J]. Strategic Management Journal,2000,21(10—11):1105—1121.

[127] Zahra S A,George G. Absorptive capacity:a review,reconceptualization,and extension[J]. Academy of Management Review,2002,27(2):185—203.

[128] 曾萍. 学习、创新与动态能力:华南地区企业的实证研究[J]. 管理评论,2011,23(1):85—95.

[129] 于也丁. 基于组织学习的开放式创新"导向——能力"关系研究[D]. 沈阳:东北财经大学,2015.

[130] Kim D H. The link between individual and organizational learning[J]. The Strategic Management of Intellectual Capital,1998,35(1):41—62.

[131] 陈国权,马萌. 组织学习的过程模型研究[J]. 管理科学学报,2000,3(3):

15—23.

[132] 赵风中. 组织学习的障碍探析[J]. 科学管理研究,2006,24(1):84—87.

[133] 徐世勇. 论组织学习障碍、习惯性防御及二者之间的关系[J]. 北京行政学院学报,2008(5):34—36.

[134] 朱瑜,王雁飞. 组织学习:阶段,障碍与方法[J]. 科技管理研究,2010,30(12):237—240,229.

[135] 尹志红,杨楠. 组织学习的障碍因素分析与组织学习力的提升[J]. 哈尔滨商业大学学报(社会科学版),2011(2):55—58,80.

[136] 王丽平,狄凡莉. 创新开放度、组织学习、制度环境与新创企业绩效[J]. 科研管理,2017,38(7):91—99.

[137] 施涛,曾令凤. 组织学习与组织绩效:工作幸福感的中介作用[J]. 管理工程学报,2015,29(3):39—50.

[138] 孙锐,赵晨. 高新技术企业组织情绪能力、组织学习与创新绩效[J]. 科研管理,2017,38(2):93—100.

[139] 毛蕴诗,刘富先. 双重网络嵌入、组织学习与企业升级[J]. 东南大学学报(哲学社会科学版),2019,21(1):54—65,144.

[140] 曹勇,杜蔓,肖琦等. 企业创新氛围、双元组织学习与创新绩效——环境动态性的调节效应[J]. 科技管理研究,2019,39(10):17—22.

[141] 岳鹄,张宗益,朱怀念. 创新主体差异性、双元组织学习与开放式创新绩效[J]. 管理学报,2018,15(1):48—56.

[142] 蔡莉,单标安,刘钊. 创业网络对新企业绩效的影响研究——组织学习的中介作用[J]. 科学学研究,2010,28(10):1592—1600.

[143] 颉茂华,张婧鑫,好日娃等. 社会资本、组织学习能力对产业集群竞争力的影响[J]. 资源与产业,2019,21(6):30—38.

[144] 谢洪明. 市场导向、组织学习与组织绩效的关系研究[J]. 科学学研究,2005,23(4):517—524.

[145] 田庆锋,张银银,马蓬蓬等. 企业战略导向、组织学习对商业模式创新的影响研究[J]. 科学学研究,2018,38(20):15—23.

[146] Goh S,Richards G. Benchmarking the learning capability of organizations[J]. European Management Journal,1997,15(5):575—583.

[147] Baker W E,Sinkula J M. Learning orientation, market orientation, and innovation:integrating and extending models of organizational performance[J]. Journal of Market—focused Management,1999,4(4):295—308.

[148] Bontis N,Crossan M M,Hulland J. Managing an organizational learning system by aligning stocks and flows[J]. Journal ofManagement Studies,2002,39(4):437—469.

[149] Alegre J,Chiva R. Assessing the impact of organizational learning capability on product innovation performance:an empirical test[J]. Technovation,2008,28(6):

315－326.

[150] 陈国权,马萌. 组织学习评价方法和学习工具的研究及在 30 家民营企业的应用[J]. 管理工程学报,2002,16(1):25－29,4.

[151] 朱朝晖,陈劲. 探索性学习和挖掘性学习的协同与动态:实证研究[J]. 科研管理,2008,29(6):1－9.

[152] 郑小碧. 天生全球化企业跨国创业机理与路径:组织学习的中介效应[J]. 研究与发展管理,2016,28(2):102－114.

[153] Zhou K Z, Wu F. Technological capability, strategic flexibility, and product innovation[J]. Strategic Management Journal,2010,31(5):547－561.

[154] 姜骞,唐震. "资源—能力—关系"框架下网络能力与科技企业孵化器服务创新绩效研究——知识积累中介作用与知识基的调节作用[J]. 科技进步与对策,2018,35(5):126－133.

[155] Forés B, Camisón C. Does incremental and radical innovation performance depend on different types of knowledge accumulation capabilities and organizational size? [J]. Journal ofBusiness Research,2016,69(2):831－848.

[156] 杨菲,安立仁,史贝贝. 知识积累与创新关系研究脉络及未来展望[J]. 科技管理研究,2017,37(11):136－140.

[157] 严太华,刘焕鹏. 金融发展、自主研发与知识积累[J]. 中国科技论坛,2014(9):106－110.

[158] 陈恒,侯建. 自主研发创新,知识积累与科技绩效——基于高技术产业数据的动态门槛机理研究[J]. 科学学研究,2016,34(9):1301－1309,1425.

[159] 张军,许庆瑞. 知识积累、创新能力与企业成长关系研究[J]. 科学学与科学技术管理,2014,35(8):86－95.

[160] 江旭,高山行. 知识积累与获取对企业创新的交互作用研究[J]. 研究与发展管理,2010,22(6):8－14.

[161] 杨菲,安立仁,史贝贝等. 知识积累与双元创新能力动态反馈关系研究[J]. 管理学报,2017,14(11):1639－1649.

[162] 王灿昊,段宇锋. 不同领导风格,知识积累与组织双元性创新:能力柔性的调节作用[J]. 科技进步与对策,2018,35(23):17－24.

[163] Lumpkin G T, Dess G G. Linking two dimensions of entrepreneurial orientation to firm performance:the moderating role of environment and industry life cycle[J]. Journal of Business Venturing,2001,16(5):429－451.

[164] Leonard - Barton D. Core capabilities and core rigidities:a paradox in managing new product development[J]. StrategicManagement Journal,1992,13(S1):111－125.

[165] 陈国权,王晓辉. 组织学习与组织绩效:环境动态性的调节作用[J]. 研究与发展管理,2012,24(1):52－59.

[166] Jaworski B J, Kohli A K. Market orientation:antecedents and consequences

[J]. Journal of Marketing,1993,57(3):53—70.

[167] Han J K,Kim N,Srivastava R K. Market orientation and organizational per-formance:is innovation a missing link? [J]. Journal of Marketing,1998,62(4):30—45.

[168] Gaur A S,Mukherjee D, Gaur S S, et al. Environmental and firm level influences on inter — organizational trust and SME performance［J］. Journal of Management Studies,2011,48(8):1752—1781.

[169] 范志刚,吴晓波. 动态环境下企业战略柔性与创新绩效关系研究[J]. 科研管理,2014,35(1):1—8.

[170] 王永健,谢卫红,王田绘,等. 强弱关系与突破式创新关系研究——吸收能力的中介作用和环境动态性的调节效应[J]. 管理评论,2016,28(10):111—122.

[171] 郭爱芳,陈劲. 基于科学/经验的学习对企业创新绩效的影响:环境动态性的调节作用[J]. 科研管理,2013,34(6):1—8.

[172] 王林,沈坤荣,吴琼等. 探索式创新、利用式创新与新产品开发绩效关系——环境动态性的调节效应研究[J]. 科技进步与对策,2014,31(15):24—29.

[173] 何霞,苏晓华. 环境动态性下新创企业战略联盟与组织合法性研究——基于组织学习视角[J]. 科研管理,2016,37(2):90—97.

[174] Zahra S A. Technology strategy and financial performance:examining the moderating role of the firm's competitive environment［J］. Journal of Business Venturing,1996,11(3):189—219.

[175] Miller D,Friesen P H. Strategy—making and environment:the third link [J]. Strategic Management Journal,1983,4(3):221—235.

[176] Matusik S F, Hill C W L. The utilization of contingent work, knowledge creation,and competitive advantage[J]. Academy of Management Review,1998,23(4):680—697.

[177] Thong J Y L. An integrated model of information systems adoption in small businesses[J]. Journal ofManagement Information Systems,1999,15(4):187—214.

[178] 陈勇. 关系学习和动态能力对企业技术创新的影响研究[D]. 杭州:浙江大学,2012.

[179] Birkinshaw J,Hood N,Jonsson S. Building firm—specific advantages in mul-tinational corporations:the role of subsidiary initiative［J］. Strategic Management Journal,1998,19(3):221—242.

[180] 陈媛媛. 组织学习、知识管理与组织创新的耦合性研究[J]. 图书情报工作,2010,54(2):140—143,86.

[181] Dewar R D,Dutton J E. The adoption of radical and incremental innovations:an empirical analysis[J]. Management Science,1986,32(11):1422—1433.

[182] Li Y,Vanhaverbeke W,Schoenmakers W. Exploration and exploitation in in-novation:reframing the interpretation[J]. Creativity and Innovation Management,2008,17(2):107—126.

[183] 许晖,李文. 高科技企业组织学习与双元创新关系实证研究[J]. 管理科学, 2013,26(4):35—45.

[184] 曾萍. 组织学习、知识创新、动态能力以及组织绩效的关系研究[D]. 广州:华南理工大学,2008.

[185] 曾萍,蓝海林. 组织学习对绩效的影响:中介变量作用研究综述[J] 研究与发展管理,2011,23(1):44—53.

[186] Arie D G. Planning as learning[J]. Harvard Business Rview,1988,66(3—4):70—74.

[187] Dodgson M. Organizational learning: a review of some literatures[J]. Organization Sudies,1993,14(3):375—394.

[188] Goh S C. Toward a learning organization: the strategic building blocks [J]. SAM Advanced Management Journal,1998,63(2):15—22.

[189] 陈国权. 组织学习和学习型组织:概念、能力模型、测量及对绩效的影响[J]. 管理评论,2009,21(1):107—116.

[190] 郭迟,曾聪. 组织学习研究内容综述[J]. 科技管理研究,2007(10):156—157,162.

[191] Vanhaverbeke W, Beerkens B, Duysters G. Explorative and exploitative learning strategies in technology—based alliance networks[J]. Academy of Management Annual Meeting Proceedings,2004(1):J1—J6.

[192] Zollo M, Winter S G. Deliberate learning and the evolution of dynamic capabilities[J]. Organization Science,2002,13(3):339—351.

[193] Brady T, Davies A. Building project capabilities: from exploratory to exploitative learning[J]. Organization Studies,2004,25(9):1601—1621.

[194] Perretti F, Negro G. Filling empty starts: how status and organizational hierarchies affect exploration versus exploitation in team design[J]. Academy of Management Journal,2006,49(4):759—777.

[195] March J G. Contiuity and change in theories of organizational action[J]. Administrative Science Quarterly,1996,41(2):278—287.

[196] Schildt H A, Maula M V J, Keil T. Explorative and exploitative learning from external corporate ventures[J]. Entrepreneurship Theory and Practice,2005,29(4):493—515.

[197] 朱朝晖,陈劲. 探索性学习和挖掘性学习:对立或协同?[J]. 科学学研究, 2008(5):1052—1060.

[198] Demirgüç—Kunt A, Detragiache E. Financial liberalization and financial fragility[M]. Washington:The World Bank,1999.

[199] Nason S W. Organizational learning disabilities: an international perspective [D]. Los Angeles:University of Southern California,1994.

[200] 刘伟. 组织学习能力与企业跨文化技术转移绩效研究[D]. 上海:东华大

学,2015.

[201] Huber G P. Organizational leaming：the contributing process and the literatures[J]. Organization Seienee,1991,2(1):88－115.

[202] 王宇. 企业网络、组织学习对技术创新的作用关系研究[D]. 吉林:吉林大学,2013.

[203] 陈劲,王如富. 知识经济与企业核心能力的培养[J]. 中国软科学,1999(3):77－79.

[204] 陈国权. 学习型组织的过程模型、本质特征和设计原则[J]. 中国管理科学,2002,10(4):86－94.

[205] Schumper J A. Capitlism socialism and democracy[M]. NewYork:Harper Revision Edition,1950.

[206] 李永波,朱方明. 企业技术创新理论研究的回顾与展望[J]. 西南民族学院学报(哲学社会科学版),2002,23(3):188－191,252.

[207] 董中保. 关于技术创新概念的辨析[J]. 科学管理研究,1993,11(4):15－18.

[208] 傅家骥. 技术创新经济学[M]. 北京:清华大学出版社,2000.

[209] 叶明. 关于"技术创新"概念的辨析[J]. 科学学与科学技术管理,1992,13(4):13－15.

[210] 陈曦. 论技术创新与专利制度的辩证关系[J]. 知识产权,2019(4),79－87.

[211] 朱冬元,宋化民. 技术创新概念分析与绩效评价初探[J]. 软科学,1996(4):55－57.

[212] 孙敬水,崔立涛. 企业技术创新的影响因素、市场结构及动态博弈分析[J]. 科技进步与对策,2007,24(8):97－101.

[213] 解学芳,盖小飞. 技术创新、制度创新协同与文化产业发展:综述与研判[J]. 科技管理研究,2017,37(4):6－11.

[214] 邵云飞,詹坤,吴言波. 突破性技术创新:理论综述与研究展望[J]. 技术经济,2007,36(4):30－37.

[215] 李凯,郭晓玲. 买方势力与技术创新:研究综述与未来展望[J]. 科研管理,2019,40(4):24－33.

[216] 连燕华. 国外关于技术创新过程的研究[J]. 中外科技信息,1991(1):20－28,37.

[217] 武德昆,柴丽俊,高俊山. 企业技术创新动力的形成过程[J]. 北京科技大学学报,2004,26(3):337－340.

[218] 张会云,唐元虎. 企业技术创新影响因素的模糊聚类分析[J]. 科研管理,2003,24(6):71－77.

[219] 吴晓波. 国外技术创新过程研究——四类典型的模型[J]. 中外科技信息,1991(5):37－44,3.

[220] 顾江. 技术创新:过程与扩散分析[J]. 江苏社会科学,2001(2):57－59.

[221] 张炜. 技术创新过程模式的发展演变及战略集成[J]. 科学学研究,2004,22

(1):94—98.

[222] Rothwell,Roy. Towards the fifth - generation innovation process[J]. International Marketing Review,1994,11(1):7—31.

[223] Hobday M,Rush H. Technology management in complex product systems (CoPS)—ten questions answered[J]. International Journal of Technology Management,1999,17(6):618—638.

[224] Cantisani A. Technological innovation processes revisited[J]. Technovation,2006(26):1294—1301.

[225] Rothwell R. Industrial innovation:success,strategy,trends[M]. In:Dodgson, the handbook of industrial innovation. Aldershot:Edward Elgar Publishing,1994.

[226] 吴贵春. 技术创新管理[M]. 北京:清华大学出版社,2011.

[227] Gibson C B,Birkinshaw J. The antecedents,consequences,and mediating role of organizational ambidexterity[J]. Academy of management Journal,2004,47(2):209—226.

[228] Rafols I,Meyer M. Diversity and network coherence as indicators of interdisciplinarity:case studies in bionanoscience[J]. Scientometrics,2010,82(2):263—287.

[229] 王建平,吴晓云. 制造企业知识搜寻对渐进式和突破式创新的作用机制[J]. 经济管理,2017,39(12):58—72.

[230] 张洪石,卢显文. 突破性创新和渐进性创新辨析[J]. 科技进步与对策,2005(2):164—166. [231] O'Reilly III C A,Tushman M L. Ambidexterity as a dynamic capability:resolving the innovator's dilemma[J]. Research inOrganizational Behavior,2008,28:185—206.

[232] 冯军政. 企业突破性创新和破坏性创新的驱动因素研究:环境动态性和敌对性的视角[J]. 科学学研究,2013,31(9):1421—1432.

[233] Kaplan S, Vakili K. The double - edged sword of recombination in breakthrough innovation[J]. Strategic Management Journal,2015,36(10):1435—1457.

[234] Chandy R K, Tellis G J. Organizing for radical product innovation:the overlooked role of willingness to cannibalize[J]. Journal ofMarketing Research,1998,35(4):474—487.

[235] Hang C C,Neo K B,Chai K H. Discontinuous technological innovations:a review of its categorization[C] //2006 IEEE International Conference on Management of Innovation and Technology. IEEE,2006,1:253—257.

[236] Salomo S,Gemünden H G,Leifer R. Research on corporate radical innovation systems——a dynamic capabilities perspective:an introduction [J].Journal of Engineering and Technology Management,2007,24(1—2):1—10.

[237] 张公一,郝玉娟,郭鑫. 企业网络对突破性创新的影响研究[J]. 经济纵横,2017(9):75—82.

[238] Tamayo—Torres J,Ruiz—Moreno A,Lloréns—Montes F J. The influence of

manufacturing flexibility on the interplay between exploration and exploitation：the effects of organisational learning and the environment[J]. International Journal of Production Research,2011,49(20)：6175−6198.

[239] 孙喜,路风．从技术自立到创新：一个关于技术学习的概念框架[J]．科学学研究,2015,33(7)：975−984,1016.

[240] 周江华,仝允桓,李纪珍．基于金字塔底层(BoP)市场的破坏性创新：针对山寨手机行业的案例研究[J]．管理世界,2012(2)：112−130.

[241] 王旭,张晓峰．组织双元性、创新协同与企业绩效：基于战略一致性的调节作用[J]．南京师大学报(社会科学版),2015(1)：70−79.

[242] 赫尔曼·哈肯．协同学——大自然构成的奥秘[M]．上海：上海译文出版社,2013.

[243] 赫尔曼·哈肯．高等协同学[M]．北京：科学出版社,1989.

[244] 梁亚娟．基于协同理论的产业集群升级战略研究——以石佛寺玉雕产业集群为例[D]．郑州：河南大学,2015.

[245] 刘伟忠．我国协同治理理论研究的现状与趋向[J]．城市问题,2012(5)：81−85.

[246] H·哈肯·协同学——大自然构成的奥秘[M]．上海：上海译文出版社,2001.

[247] 曲小瑜．研发团队行为整合和双元创新关系研究——基于学习空间的中介作用和团队反思的调节作用[J]．研究与发展管理,2017,29(4)：115−126.

[248] 高媛,孟宪忠,谢佩洪．"利用"与"探索"在组织学习与技术创新领域的研究视角整合[J]．科学学与科学技术管理,2012,33(1)：44−50.

[249] 周玉泉,李垣．组织学习、能力与创新方式选择关系研究[J]．科学学研究,2005,23(4)：525−530.

[250] Argyris C,Schon D A. Organizational learning：a theory of action perspective [J]. Harvard Business Review,1978(3)：111−123.

[251] 谢洪明,韩子天．组织学习与绩效的关系：创新是中介变量吗？——珠三角地区企业的实证研究及其启示[J]．科研管理,2005,26(5)：1−10.

[252] 陆杉,李丹．组织学习、关系资本与供应链绩效关系研究[J]．中南大学学报(社会科学版),2017,23(6)：77−85.

[253] 王侠,吴价宝．人力资源管理、组织学习和组织绩效三者间关系的实证研究[J]．中国管理科学,2016,24(S1)：832−836.

[254] Stata R. Organizational learning − the key to management innovation [J]. MIT Sloan Management Review,1989,30(3)：63−74.

[255] McKee D. An organizational learning approach to product innovation [J]. Journal of Product Innovation Management 1992,9(3)：232−245.

[256] Wang C H,Hsu L C. Building exploration and exploitation in the high−tech industry：the role of relationship learning[J]. Technological Forecasting and Social Change,2014,81(1)：331−340.

[257] 吴亮,赵兴庐,张建琦,等. 资源组拼视角下双元创新与企业绩效的中介机制研究[J]. 科学学与科学技术管理,2016,37(5):75—84.

[258] 朱朝晖. 探索性学习、挖掘性学习和创新绩效[J]. 科学学研究,2008,26(4):860—867.

[259] 李文博. 知识网络结构、组织学习与创新绩效的实证研究[J]. 科技管理研究,2009,29(8):415—417.

[260] Saadat V,Saadat Z. Organizational learning as a key role of organizational success[J]. Procedia Social and Behavioral Sciences,2016(230):219—225.

[261] Jarvenpaa S L, Staples D S. Exploring perceptions of organizational ownership of information and expertise [J]. Journal of Management Information Systems,2001,18(1):151—184.

[262] Tsoukas H,Vladimirou E. What is organizational knowledge? [J]. Journal of Management Studies,2001,38(7):973—993.

[263] Barney J. Strategic factor markets:expectations,luck,and business strategy [J]. Management Science,1986,32(10):1231—1241.

[264] Drucker P F. Post — capitalist society [M]. New York:Harper Business,1993.

[265] Romer P M. The origins of endogenous growth[J]. Journal of Economic Perspectives,1994,8(1):3—22.

[266] Penrose E. The theory of the growth of the firm [M]. Oxford:Blackwell,1959.

[267] Dierickx I, Cool K. Asset stock accumulation and sustainability of competitive advantage[J]. Management Science,1989,35(12):1504—1511.

[268] Adams M E,Day G S,Dougherty D. Enhancing new product development performance:an organizational learning perspective[J]. Journal of Product Innovation Management,1998,15(5):403—422.

[269] Cassidy M,Görg H,Strobl E. Knowledge accumulation,and productivity:evidence from plant - level data for Ireland[J]. Scottish Journal of Political Economy,2005,52(3):344—358.

[270] 张军,许庆瑞,张素平. 知识积累、知识激活与创新能力关系研究[J]. 中国管理科学,2014,22(10):142—148.

[271] Grant M,Baden — Fuller C. A knowledge accessing theory of strategic alliances[J]. Journal of Management Studies,2004,41(1):61—84,187.

[272] 李文亮,赵息. 外部学习、环境不确定性与突破性创新的关系研究[J]. 研究发展管理,2016,28(2):92—101.

[273] 沈志渔,孙婧. 外部知识与企业技术创新:相对重要性与互补效应检验[J]. 经济管理,2014,36(8):137—143.

[274] 陈收,施秀搏,吴世园. 互补资源与创新资源协同对企业绩效的影响——环境

动态性的调节作用[J]. 系统工程,2015,33(1):61—67.

[275] 马文聪,朱桂龙. 环境动态性对技术创新和绩效关系的调节作用[J]. 科学学研究,2011,29(3):454—460.

[276] 赵文红,李德铭. 创业者先前知识对创业绩效的影响——环境动态性的调节作用[J]. 技术经济,2014,33(8):51—56,105.

[277] Hambrick D C. The top management team:key to strategic success [J]. California Management Review,1987,30(1):88—108

[278] Lahiri S,Pérez—Nordtvedt L,Renn R W. Will the new competitive landscape cause your firm's decline? It depends on your mindset[J]. Business Horizons,2008,51(4):311—320.

[279] 弗莱蒙特·E·卡斯特,詹姆斯·E·罗森茨韦克. 组织与管理:系统方法与权变方法[M]. 北京:中国社会科学出版社,2000.

[280] 沈鲸. 双元组织能力的研究综述、评析与展望[J]. 中国科技论坛,2011(7):114—121.

[281] Auh S,Menguc B. Balancing exploration and exploitation:the moderating role of competitive intensity [J]. Journal ofBusiness Research, 2005, 58 (12):1652—1661.

[282] Dill W R. Environments as an influence on managerial autonomy [J]. Administrative Science Quarterly,1958,2(4):409—443.

[283] Volberda H W,Van Bruggen G. H.. Environmental turbulence:a look into its dimensionality [J]. Nederlandse Organisatie voor Bedrijfskunding Onderzoek,1997(1):137—145.

[284] Barrales—Molina V,Benitez—Amado J. Managerial perceptions of the competitive environment and dynamic capabilities generation [J]. Industial Management&Data Systems,2010,110(9):1355—1384.

[285] Sáenz J,Aramburu N. Knowledge sharing and innovation performance:a comparison between hightech and lowtech companies[J]. Journal of Intellectual Capital,2009,10(1):22—36.

[286] 温忠麟,侯杰泰,张雷. 调节效应与中介效应的比较和应用[J]. 心理学报,2005,37(2):268—274.

[287] Baron R M,Kenny D A. The moderator—mediator variable distinction in social psychological research:conceptual,strategic,and statistical considerations [J]. Journal of Personality and Social Psychology,1986,51(6):1173—1182.

[288] Sobel M E. Asymptotic confidence intervals for indirect effects in structural equation models[J]. Socio—logical Methodology,1982(13):290—312.

[289] 刘军. 管理研究方法:原理与应用[M]. 北京:中国人民大学,2008.

[290] 郑兵云. 我国制造企业竞争战略对企业绩效的影响机制研究[D]. 南京:南京航空航天大学,2011.

［291］郭志刚．社会统计分析方法：SPSS 软件应用［M］．第 3 版．北京：中国人民大学出版社，2015．

［292］Ritter T，Gemünden H G. The impact of a company's business strategy on its technological competence，network competence and innovation success［J］. Journal of Business Research，2004，57(5)：548－556．

［293］Powell W W，Koput W W，Smith－Doerr L. Interorganizational collaboration and the locus of innovation：networks of learning in biotechnology［J］. Administrative Science Quarterly，1996，41(1)：116－145．

［294］Huizingh，Eellko K R E. Open innovation：state of the art and future perspectives［J］. Technovation，2011，31(1)：2－9．

［295］谢识予．经济博弈论［M］．第 3 版．上海：复旦大学出版社，2002．

［296］Friedman D. Evolutionary games in economics［J］. Econometrica：Journal of the Econometric Society，1991，59(3)：637－666．

图书在版编目(CIP)数据

基于组织学习的企业双元创新协同进化机制研究/奚雷著.—合肥:合肥工业大学出版社,2023.6

ISBN 978-7-5650-5622-2

Ⅰ.①基…　Ⅱ.①奚…　Ⅲ.①企业创新—研究—中国　Ⅳ.①F279.23

中国国家版本馆 CIP 数据核字(2023)第 084596 号

基于组织学习的企业双元创新协同进化机制研究

奚 雷 著　　　　策划　汤礼广　　　　责任编辑　马成勋

出 版	合肥工业大学出版社	版 次	2023 年 6 月第 1 版
地 址	合肥市屯溪路 193 号	印 次	2023 年 6 月第 1 次印刷
邮 编	230009	开 本	787 毫米×1092 毫米　1/16
电 话	理工图书出版中心:0551-62903018	印 张	8.75
	营销与储运管理中心:0551-62903198	字 数	194 千字
网 址	press.hfut.edu.cn	印 刷	安徽昶颉包装印务有限责任公司
E-mail	hfutpress@163.com	发 行	全国新华书店

ISBN 978-7-5650-5622-2　　　　　　　定价：35.00 元

如果有影响阅读的印装质量问题,请与出版社营销与储运管理中心联系调换。